66 GRAMMATIK-SPIELE · FRANZÖSISCH

herausgegeben von
Mario Rinvolucri und Paul Davis

übersetzt und bearbeitet von
Sergio Dogliani, Barbara Huter und Susanne Schauf

Ernst Klett Verlag für Wissen und Bildung
Stuttgart · Dresden

66 Grammatikspiele Französisch

herausgegeben von Mario Rinvolucri
und Paul Davis

Gedruckt auf Papier,
das aus Altpapier hergestellt wurde.

Die 66 Grammatikspiele sind folgenden Werken entnommen:
Grammar Games, Edited by Mario Rinvolucri, Cambridge University Press, 1992[12]: 1–11; 14–18; 20–23; 25; 27–30; 32–34; 36–39; 41; 43; 45–49; 51; 54–57; 59; 61; 65.
More Grammar Games, Edited by Paul Davis and Mario Rinvolucri, Cambridge University Press, 1995: 12; 13; 19; 24; 26; 31; 35; 40; 42; 44; 50; 52; 53; 58; 60; 62-64; 66

1. Auflage   1 ⁴ ³ ² | 1999 98 97 96
Alle Drucke dieser Auflage können im Unterricht nebeneinander benutzt werden, sie sind untereinander unverändert. Die letzte Zahl bezeichnet das Jahr dieses Druckes.
© Ernst Klett Verlag für Wissen und Bildung GmbH, Stuttgart 1996. Alle Rechte vorbehalten.
Einbandgestaltung: Dieter Gebhardt.
Mitarbeit: Janine Bruchet, Redaktion: Federica Colombo
Die Vervielfältigung der gekennzeichneten Seiten ist für den Unterrichtsgebrauch gestattet. Die Kopiergebühren sind im Preis enthalten.
Druck: Gutmann + Co., Talheim. Printed in Germany.
ISBN 3-12-525850-2

Vorwort

Was finden Sie in diesem Buch?

Teil I dieser Sammlung enthält „klassische" Gesellschaftsspiele wie Monopoly oder Dame, die so abgewandelt wurden, daß die Lerner beim Spielen in der kleinen Gruppe sich gegenseitig – aber auch Ihnen – offenbaren, wieviel oder wie wenig Grammatikkenntnisse sie jeweils mitbringen.

Diese Spiele bilden einen Rahmen für die Beschäftigung mit einem bestimmten Grammatikphänomen, der auf verschiedenste Art und Weise ausgefüllt werden kann. Die hier vorgeschlagenen Strukturen sind nur Beispiele. Sie haben die Möglichkeit, das Spiel nach Belieben abzuwandeln.

Bei diesen Spielen setzen sich die Lerner bewußt mit Grammatik auseinander und sind aufgefordert, gezielt darüber nachzudenken, ob etwas falsch oder richtig ist.

Teil II ist eine Sammlung von Aktivitäten, die durch die Unterrichtsmethode des „Silent Way" inspiriert sind; hier ist es die Aufgabe der Lerner, Sätze und Textabschnitte zu rekonstruieren, wobei sie zusammenarbeiten und nicht im Wettbewerb zueinander stehen. Als Kursleiter/in sind Sie aufgefordert, völlig stumm zu bleiben und allenfalls, wenn nötig, ein stummes Feedback zu geben. Ihr produktives Schweigen setzt bei den Lernern eine Menge Aktivität frei und gibt Ihnen die Möglichkeit, die Lerner in Ruhe zu beobachten.

Der durchschnittliche Sprechanteil eines europäischen Lehrers an einer Unterrichtsstunde beträgt 60–70%. Bei den Grammatikspielen dieser Gruppe wird sich Ihr Sprechanteil auf weniger als 5% der Übungszeit reduzieren.

Die Aufgaben von **Teil III** entfernen sich von der kognitiven Grammatikarbeit; die Lerner werden hier angeregt, Äußerungen über sich selber oder über Personen, die ihnen nahestehen, zu machen und gleichzeitig vorgegebene Strukturen zu verwenden. Dabei konzentrieren sie sich auf den Inhalt ihrer Aussagen, während Sie als Kursleiter/in auf die korrekte Form achten.

Im Mittelpunkt von **Teil IV** stehen phantasievolle Aktivitäten, die meist aus der Theaterpädagogik stammen und mit körperlicher Bewegung verbunden sind. Sie kommen insbesondere dem kinästhetischen Lerntyp entgegen, der in unserer Kultur lange vernachlässigt wurde. Vor allem bringen sie aber eine müde Gruppe wieder in Schwung oder tragen dazu bei, überschüssige Energie auf ein Lernziel zu konzentrieren.

Teil V enthält u.a. Grammatikaktivitäten mit vorhandenen oder imaginierten (Sätzen und) Texten sowie Übungen zur Bewußtmachung struktureller Unterschiede zwischen dem Deutschen und dem Französischen.

Welches Lernniveau wird vorausgesetzt?

Bei jeder Aktivität wird ein Niveau durch ⋆ bis ⋆⋆⋆⋆ angegeben, das sich auf die behandelte Struktur bezieht. Vielfach können Sie durch die Wahl eines anderen Lernziels den Schwierigkeitsgrad der Übung herauf- oder herabsetzen.

⋆ bedeutet, daß die Übung innerhalb des ersten Lernjahrs eingesetzt werden kann, d.h. parallel zur ersten Hälfte des ersten Bandes eines (zweibändigen) Lehrwerks. Mit

⋆⋆ gekennzeichnete Übungen sind für das zweite Lernjahr vorgesehen (zweiter Teil des ersten Lehrbuchbandes);

⋆⋆⋆ entsprechen dem Lernniveau des dritten und vierten Lernjahres (zweiter Band des Lehrwerks), während

⋆⋆⋆⋆ an Übungen vergeben wurden, die in sogenannten Nachzertifikats- oder Konversationskursen sinnvoll eingesetzt werden können.

Wie passen die Spiele in Ihre Unterrichtseinheit?

Sie sind nicht nur als Übungen zur „Erholung" oder für die letzte Stunde vor den Ferien gedacht, sondern können und sollen zentraler Bestandteil des Lernprozesses sein. Folgende drei Einsatzmöglichkeiten bieten sich an:

a) bevor Sie eine neue Struktur einführen, um besonders bei heterogenen Gruppen herauszufinden, welche Kenntnisse in diesem Bereich bereits verstreut vorhanden sind;

b) nachdem Sie eine neue Struktur eingeführt haben, um festzustellen, wieviel die Lerner behalten haben;

c) zur Wiederholung eines bestimmten Grammatikbereichs.

Muß Grammatik ernst sein?

Grammatik ist beim Erwerb einer Fremdsprache so wichtig, daß die Lerner sehr viel Energie auf ihre Beherrschung verwenden müssen. Eine Möglichkeit, diese Energie zu bündeln, sind Spiele. Beim Spielen werden die Lerner Subjekt des Unterrichts, in dem sie sonst allzu oft nur Objekt sind. Spaß und Ernst schließen einander nicht aus, denn der Spaß beim Spielen setzt Energie frei, um das ernste Ziel zu erreichen.

Dürfen die Lerner fehlerhafte Sätze lesen?

Bei verschiedenen Aktivitäten müssen die Lerner darüber befinden, ob ein Satz grammatikalisch korrekt oder falsch ist; das bedeutet, daß sie mit einer Reihe von fehlerhaften Sätzen konfrontiert werden.

Es ist umstritten, ob Lerner etwas Falsches gedruckt sehen sollen, da sie sich den Fehler einprägen könnten. Diese Gefahr besteht bei den Grammatikspielen nicht, denn die Lerner sind aufgefordert, sich über die Korrektheit eines jeden Satzes ein sehr bewußtes Urteil zu bilden, sie werden sich diese Sätze nicht unreflektiert aneignen.

Welche Vorbereitung ist nötig?

Die meisten Aktivitäten sind ohne oder mit geringer Vorbereitung durchführbar, die sich auf das Mitbringen von Kärtchen oder Würfeln oder auf das Kopieren einer vorhandenen Kopiervorlage beschränkt. Viele der Materialien lassen sich, wenn Sie sie einmal kopiert, ausgeschnitten und eventuell aufgeklebt haben, immer wieder verwenden. Nur wenn Sie die vorgeschlagenen Spiele auf andere Lernziele ausdehnen wollen, erfordert das etwas mehr Vorbereitung.

Vier Vorzüge der Grammatikspiele

1. Die Lerner übernehmen selber Verantwortung für ihr Grammatikverständnis.
2. Der Kursleiter hat die Möglichkeit, etwas über den Kenntnisstand seiner Lernergruppe zu erfahren, ohne selber Mittelpunkt der Aufmerksamkeit zu sein.
3. Ernste Arbeit findet in spielerischem Kontext und aufgelockerter Atmosphäre statt, die man eigentlich mit Grammatikarbeit gar nicht in Verbindung bringt. So zieht die Lokomotive „Spiel" den Grammatik-Zug.
4. Alle sind gleichzeitig und intensiv am Unterrichtsgeschehen beteiligt.

Inhaltsverzeichnis

I. Spiele mit Wettbewerbscharakter

II. Kooperative Spiele rund um den Satzbau

III. Grammatik und persönliche Erfahrung

IV. Grammatik mit Theatertechniken

V. Vermischtes

I. Spiele mit Wettbewerbscharakter

1 Unvollständige Sätze

GRAMMATIK:	Passivformen und *on passif*
NIVEAU:	★ ★ ★
DAUER:	15 Min.
MATERIAL:	Eine Kopie der „Sätze ohne Anfang" sowie eine Kopie der „Satzanfänge" für jede Dreiergruppe

VERLAUF:

1. Lassen Sie Dreiergruppen bilden und verteilen Sie die Blätter (Kopiervorlage 1, erster Teil). Fordern Sie die Lerner auf, um die Wette nach passenden Anfängen für die 14 unvollständigen Sätze zu suchen, und geben Sie ihnen sieben Minuten Zeit, um die Satzanfänge einzutragen.

Achtung: Die vorgeschlagenen Beispiele setzen eine gewisse Vertrautheit mit den verschiedenen Sportarten voraus. Wenn sich Ihre Lerner dafür nicht interessieren, sollten Sie Sätze aus einem anderen Themenbereich wählen.

2. Nach Ablauf der Zeit verteilen Sie die Blätter mit den Satzanfängen (Kopiervorlage 1, zweiter Teil) an jeweils eine Person pro Gruppe. Bitten Sie diese Lerner, die ja nun die Lösung kennen, zu einer anderen Gruppe zu gehen und dort jeden richtig vervollständigten Satz mit einem Punkt zu bewerten.

3. Abschließend nennt jede Gruppe die von ihr erreichte Punktezahl; Zweifelsfälle werden gemeinsam besprochen.

VARIANTE:

Man kann beispielsweise auch die Aufgabenstellung umkehren und Satzanfänge vorgeben, die von den Lernern zu vollständigen Sätzen ergänzt werden müssen. Im vorliegenden Fall sind die Beispiele dem Themenbereich „Küche" entnommen. (Kopiervorlage 2).

Hinweis: Mit dieser Übung eignen sich die Lerner eine Struktur an – in diesem Fall die Passivkonstruktion – indem sie sie erst leise, dann laut lesen und darüber nachdenken. Diese Übung erleichtert die aktive Verwendung der Struktur in einem späteren Lernstadium.

Idee: Mike Lavery, *Active viewing* (Modern English Publications 1984)

_____ se joue avec une raquette, à deux ou à quatre personnes.

_____ peuvent se jouer dans un parc autour d'un échiquier géant.

_____ est regardé à la télévision par des millions de personnes.

_____ un essai peut être transformé en but.

_____ se joue autour d'une table avec des raquettes.

_____ est une compétition souvent gagnée par les athlètes noirs aux Jeux Olympiques.

_____ est pratiqué dans les pays où il y a de la neige.

_____ se jouent avec des pions blancs et des pions noirs.

_____ est pratiqué par les gens riches et se joue avec une petite balle blanche.

_____ on court environ 42 kilomètres.

_____ on porte juste un maillot de bain.

_____ l'adversaire ne doit pas être touché en dessous de la ceinture.

_____ on glisse rapidement, en équilibre, sur deux lames.

_____ se joue entre amis, par exemple sur la plage ou sur une place de village.

✂ –

Unvollständige Sätze – Satzanfänge (eine Kopie für je eine Person aus jeder Dreiergruppe)

Le tennis...	Les dames...
Les échecs...	Le golf...
Le football...	Lors d'un marathon,...
Au rugby,...	Pour la natation,...
Le ping-pong...	A la boxe,...
Le 100 mètres...	Au patinage,...
Le ski...	La pétanque...

Le riz créole _____

Le vin blanc _____

Le gigot d'agneau _____

En France, le café au lait _____

En Inde, on _____

En Angleterre, le «Christmas pudding» se _____

Les légumes cuits à l'eau sont _____

Les brochettes _____

Les vins français sont _____

Dans la cuisine normande, on _____

A Noël, on _____

La salade de laitue _____

Les crêpes sont _____

La bouillabaisse _____

✄ ╌╌

Unvollständige Sätze – Satzenden (eine Kopie für je eine Person aus jeder Dreiergruppe)

…se cuit très lentement.	…se cuisent sur le barbecue.
…se boit avec la viande blanche/ le poisson.	…exportés dans le monde entier.
…se mange saignant.	…utilise beaucoup de crème fraîche.
…se boit le matin.	…fait la bûche.
…ne mange pas de bœuf.	…s'assaisonne au dernier moment.
…prépare trois ans à l'avance.	…cuites à la poêle.
…conseillés aux personnes au régime.	…se prépare avec toutes sortes de poissons.

2 Tris

GRAMMATIK:	Unbestimmte Mengenangaben
NIVEAU:	★ ★
DAUER:	15 Min.
MATERIAL:	Keines

VERLAUF:

1. Teilen Sie die Gruppe in Team A und Team B. Zeichnen Sie eine Tabelle mit neun Feldern an die Tafel, und erläutern Sie die Spielregeln:

Ein Mitglied von Team A zeichnet ein Kreuz in eines der Felder; anschließend zeichnet ein Mitglied von Team B einen Kreis in ein anderes Feld. Ziel ist es, eine Reihe von drei Feldern in beliebiger Anordnung (horizontal, vertikal oder diagonal) mit dem Symbol des eigenen Teams zu belegen.

Im Falle dieses Grammatikspiels kann man die Felder aber nicht einfach mit Kreuzen oder Kreisen belegen, sondern man muß sie sich durch das Bilden korrekter Sätze „erobern".

2. Zeichnen Sie Tabelle A (s. unten) an die Tafel.

3. Die Mitglieder von Team A haben nun 20 Sekunden Zeit, einen Begriff auszuwählen und einen korrekten Satz damit zu bilden. Gelingt es ihnen, erhalten sie ein Kreuz im entsprechenden Feld. Über die Korrektheit des Satzes entscheidet Team B. Ist der Satz falsch, ohne daß Team B es merkt, greifen Sie korrigierend ein.

4. Anschließend ist Team B an der Reihe, ein Feld auszuwählen, während Team A über die Korrektheit des Satzes befindet. Nach und nach werden beide Teams gezwungen, unter den verbleibenden Wörtern diejenigen auszuwählen, die ihnen schwierig erscheinen.

Braucht ein Team länger als 20 Sekunden, um einen Satz zu bilden, kommt das andere Team an die Reihe.

VARIANTE:

Diese Spielidee läßt sich auch zum Einüben anderer Strukturen verwenden, z. B.
Präpositionen (Tabelle B)
unregelmäßige Partizipien (Tabelle C)
Imparfait (Tabelle D).

Idee: Julian Quail, Pilgrim School

A

plusieurs	quelques	peu
assez	chaque	des
tout	beaucoup	trop

B

devant	derrière	entre
à côté	dans	sous
sur	vers	en face

C

vu	venu	fait
su	eu	mis
écrit	répondu	dit

D

disait	finissais	faisaient
pouvions	demandais	étais
croyaient	écrivions	veniez

3 Grammatik-Auktion

GRAMMATIK:	Vermischte Strukturen
NIVEAU:	★ ★
DAUER:	50 Min.
MATERIAL:	Ein kleiner Hammer
	Kopie der „Auktionsliste" für jeweils zwei Lerner

VERLAUF:

1. Erkundigen Sie sich bei den Lernern, ob sie schon einmal bei einer Versteigerung waren. Fragen Sie gegebenenfalls nach näheren Details, und führen Sie dabei das entsprechende Vokabular, z. B. *la vente aux enchères* (Versteigerung), *faire une offre* (ein Gebot abgeben), *le commissaire-priseur* (Auktionator), *le marteau* (Hammer), *adjugé! vendu!* (verkauft!), ein.

2. Gearbeitet wird in Zweiergruppen. Geben Sie jedem Paar eine Kopie der „Auktionsliste" (Kopiervorlage 3) mit der Bemerkung, daß das Blatt richtige und falsche Sätze enthält.
   Bei der nun folgenden Versteigerung geht es darum, nur richtige Sätze zu erwerben. Sagen Sie den Lernern, daß jedes Paar für die Ersteigerung von Sätzen 30.000 F zur Verfügung hat. In die Spalte *Valeur estimée* tragen die beiden Partner den Betrag ein, den sie für den jeweiligen Satz auszugeben bereit sind. Die Gesamtsumme darf 30.000 F nicht überschreiten. Ziel der „Bieter" wird es sein, eine möglichst große Anzahl von richtigen Sätzen für einen möglichst geringen Geldbetrag zu erwerben.
   Während die Lerner die Sätze prüfen und besprechen, sollten Sie keinerlei Hilfestellung geben. Es ist Sache der jeweiligen Zweiergruppe, sich für „richtig" oder „falsch" zu entscheiden.

3. Bevor Sie die Versteigerung beginnen, teilen Sie den Lernern mit, daß Sie keine Gebote unter 150 F entgegennehmen.

4. Beginnen Sie dann die Versteigerung:
   a) Lesen Sie den ersten Satz einfühlsam und ausdrucksvoll vor, auch wenn er fehlerhaft ist. Fordern Sie dann die Lerner auf, Gebote zu machen.
   b) Halten Sie ein zügiges Tempo ein, sprechen Sie schnell, und versuchen Sie, die Atmosphäre einer lebhaften Auktion zu vermitteln.

c) Wenn Sie z. B. ausrufen: *six cent un, six cent deux, six cent trois, adjugé! vendu!* seien Sie bereit, Gebote im letzten Augenblick noch anzunehmen.
d) Achten Sie darauf, daß die Lerner den Namen des Käufers und den Auktionspreis in die Spalte *Achat* eintragen, sobald jeweils ein Satz erworben ist.
e) Sagen Sie an dieser Stelle den Lernern, ob der Satz richtig oder falsch ist, und stellen Sie ihn gegebenenfalls richtig. Tun Sie dies jedoch, ohne sich dabei länger aufzuhalten und ohne den Rhythmus des Spiels zu stören. Grammatikalische Erklärungen sind zu diesem Zeitpunkt fehl am Platz und sollten erst im Anschluß an das Spiel behandelt werden.
f) Beginnen Sie die Versteigerung mit dem ersten Satz, ändern Sie dann aber die Reihenfolge – das erhöht die Spannung.
g) Das Paar, das die meisten richtigen Sätze zu den günstigsten Bedingungen erworben hat, ist Sieger.

5. Nach Abschluß des Spiels klären Sie die grammatikalischen Fragen, die für die Lerner während der Versteigerung aufgetaucht sind.

VARIANTE 1:

Wenn Sie die „Auktion" ein zweites Mal mit den Lernern durchführen, können Sie die Rolle des Auktionators einem oder mehreren Lernern übertragen. Bei einer Klasse von 30 Lernern können Sie beispielsweise drei Gruppen mit jeweils neun „Bietern" und je einem „Auktionator" bilden.
   Um zu vermeiden, daß Gruppe A mithört, was in Gruppe B und C geschieht, benötigen Sie in diesem Fall drei verschiedene Versionen von Satzbeispielen. Außerdem muß jeder Versteigerer eine Liste der richtigen Sätze zur Verfügung haben.
   Wenn Kleingruppen gebildet werden, ist es natürlich sinnvoll, daß nicht in Paaren, sondern einzeln gearbeitet wird.

VARIANTE 2:

Sie können auch Grammatikprobleme versteigern, die sich aus einer schriftlichen Arbeit ergeben haben. In diesem Fall korrigieren Sie die Arbeiten nicht, sondern Sie entnehmen daraus 12 – 15 Sätze mit Grammatikfehlern und fertigen eine Liste, wobei Sie ca. die Hälfte der Sätze fehlerhaft belassen und die andere Hälfte zu einem korrekten

Französisch unformulieren. Auf diese Weise erhalten Sie eine „Auktionsliste", die den realen Grammatikproblemen Ihrer Lerner entspricht. Führen Sie das Spiel wie oben angegeben durch, und verteilen Sie dann die nicht korrigierten Arbeiten. Die Lerner formieren sich paarweise und korrigieren jeweils die Arbeit der Partners.

Lösungen zur „Auktionsliste" (Kopiervorlage 3):

Die Sätze 3, 6, 8, 9, 11 und 13 sind richtig.
Die anderen Sätze müssen korrekterweise so lauten:
1. Tu as regardé *la* télévision?
2. Je voulais te dire de ne pas venir, mais il *était* trop tard.
4. Olivier est *de* Marseille; tu ne remarques pas son accent?

5. Hier, j'ai vu Véronique et Florence. Je *leur* ai dit que Danièle a réussi son examen.
7. Je ne suis jamais allé *à* Madrid, mais on m'a dit que c'est une très belle ville.
10. En rentrant, *j'ai pris une douche* et j'ai dormi dix heures. Maintenant je me sens beaucoup mieux.
12. Samedi, il a plu toute la journée, alors nous *sommes restés* à la maison.
14. Si on veut vraiment parler japonais, il ne suffit pas de l'étudier, il *faut* aller vivre au Japon.
15. Je voudrais deux *belles* tranches de jambon, s'il vous plaît.

Idee: Maury Smith, *A practical guide to values clarification* (University Associates, La Yolla, California 1977)

	Valeur estimée	Achat
1. Tu as regardé le télévision ?	_____	_____
2. Je voulais te dire de ne pas venir, mais il a été trop tard.	_____	_____
3. D'habitude je me lève tard, mais demain, j'ai un rendez-vous pour un nouveau travail ; je dois donc me lever à sept heures.	_____	_____
4. Olivier est à Marseille ; tu ne remarques pas son accent ?	_____	_____
5. Hier, j'ai vu Véronique et Florence. Je les ai dit que Danièle a réussi son examen.	_____	_____
6. Excusez-moi, je voudrais savoir s'il est possible de visiter le Musée d'Art Moderne le dimanche ?	_____	_____
7. Je ne suis jamais allé dans Madrid, mais on m'a dit que c'est une très belle ville.	_____	_____
8. J'étais très content de revoir mes vieux amis après si longtemps.	_____	_____
9. Denise ne me semble pas contente de son nouveau travail. Elle travaille trop et ses collègues ne sont pas sympathiques.	_____	_____
10. En rentrant, je m'ai douché et j'ai dormi dix heures. Maintenant je me sens beaucoup mieux.	_____	_____
11. J'ai reçu une longue lettre de Patricia et d'Isabelle. Je vais leur écrire pour Noël.	_____	_____
12. Samedi, il a plu toute la journée, alors nous restions à la maison.	_____	_____
13. A cause de la crise économique, nous ne pouvons pas nous permettre de partir en vacances cette année.	_____	_____
14. Si on veut vraiment parler japonais, il ne suffit pas de l'étudier, il fallait aller vivre au Japon.	_____	_____
15. Je voudrais deux beaux tranches de jambon, s'il vous plaît.	_____	_____

4 Schlangen und Leitern

GRAMMATIK:	Zeitangaben
NIVEAU:	★ ★
DAUER:	30–40 Min.
MATERIAL:	Ein Spielbrett pro Viergruppe
	Ein Würfel pro Viergruppe

VERLAUF:

1. Lassen Sie Viergruppen bilden und geben Sie jeder Gruppe ein Spielbrett (Kopiervorlage 4) und einen Würfel. Die Mitspieler der einzelnen Gruppen sollten so sitzen, daß jeder das Spielbrett gut sehen und die darauf stehenden Sätze lesen kann.

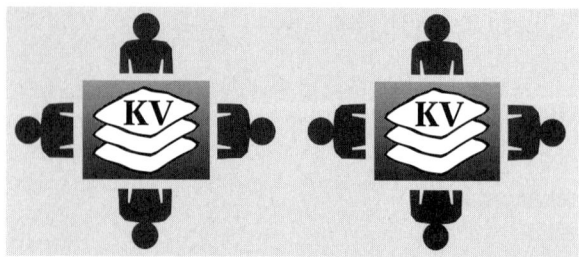

Jeder Mitspieler setzt eine Münze als Spielfigur auf das Startfeld DÉPART.

2. Ziel ist es, das Spielfeld von DÉPART zu AR-RIVÉE möglichst schnell zu durchlaufen. Auf manchen Spielfeldern stehen Sätze, von denen einige korrekt, andere grammatikalisch falsch sind. Erklären oder zeigen Sie den Spielverlauf:

a) Der erste Spieler würfelt und rückt um die gewürfelte Augenzahl vor. Trifft er auf ein Feld mit einem Satz, so muß er entscheiden, ob dieser richtig oder falsch ist, und ihn, wenn er falsch ist, korrigieren.
   Die anderen Mitspieler bilden die Jury und befinden über die Richtigkeit seiner Entscheidung. Wenn alle drei oder mindestens zwei von ihnen die Auffassung des Spielers teilen, darf er drei Felder vorrücken. Ist die Jury mehrheitlich anderer Ansicht, muß er drei Felder zurückgehen. Sobald er auf ein leeres Feld kommt, ist der nächste Spieler an der Reihe.
   Wer auf ein Feld am Fuße einer Leiter gelangt, darf diese hinaufsteigen; wer auf dem Kopf einer Schlange landet, muß bis zu ihrem Schwanz hinunterrutschen.
b) Sieger ist, wer zuerst bei ARRIVÉE ankommt.

c) Landet ein Spieler auf einem Feld, dessen Satz bereits behandelt wurde, rückt er automatisch vor bis zum nächsten Feld, auf dem ein noch nicht besprochener Satz steht.
d) Wenn ein Spieler meint, daß die anderen in bezug auf ein grammatisches Phänomen im Unrecht sind, muß er die Nummer des entsprechenden Feldes notieren und nach Abschluß des Spiels den Kursleiter fragen.

3. Verfolgen Sie das Spiel aufmerksam und achten Sie darauf, ob die Lerner einer Gruppe einen falschen Satz einhellig als richtig beurteilen oder umgekehrt. Unterbrechen Sie das Spiel in dem Fall nicht, und sagen Sie auch nichts, sondern machen Sie sich nur eine Notiz für die nachfolgende Besprechung. Sicher werden die Lerner Sie im Verlauf des Spiels um Ihre Stellungnahme bitten, wenn sie sich über einen bestimmten Satz nicht einig werden. Erklären Sie, daß darüber *nach* dem Spiel diskutiert wird. Bitten Sie die Lerner, die Spielregeln einzuhalten; unterlassen Sie es unbedingt, in das Spiel einzugreifen, denn sonst droht es zu scheitern. Sein Sinn liegt gerade darin, daß die Lerner sich ihre eigenen Kriterien für grammatische Korrektheit bewußt machen und diese anderen gegenüber verteidigen.

4. Wenn die meisten Gruppen das Spiel beendet haben, brechen Sie ab.
   Fragen Sie dann nach den Sätzen, über die sich die Mitspieler nicht einigen konnten. Nennt ein Lerner einen umstrittenen Satz, beauftragen Sie eine andere Gruppe, das Problem zu lösen, statt selber einzugreifen, denn oft haben die anderen die richtige Antwort schon gefunden. Antworten Sie nur dann selber, wenn es nicht anders geht.
   An dieser Stelle ist es angebracht, auch auf die Sätze zurückzukommen, die Sie sich während des Spielverlaufs notiert hatten.

VARIANTE 1:

Verteilen Sie ein leeres Spielbrett (Kopiervorlage 5) an jeweils ein Lernerpaar mit der Bitte, 16 schwierige grammatische Formen zusammenzustellen und 16 Sätze zu bilden, in denen diese Formen enthalten sind. Die Hälfte der Sätze soll korrekt, die andere Hälfte falsch sein.
   Die Sätze werden in das leere Spielbrett eingetragen, wobei jedes zweite Feld frei bleibt. Gehen Sie umher und greifen Sie, wo nötig, helfend ein.

In der nächsten Unterrichtsstunde können die Lerner dann das selbstgemachte Spiel spielen.

VARIANTE 2:

Korrigieren Sie die Hausaufgaben nicht, sondern wählen Sie daraus 16 Sätze mit Fehlern aus, die für Ihre Lerngruppe typisch sind. Korrigieren Sie die Hälfte der Sätze und tragen Sie die falschen und richtigen Sätze in das leere Spielbrett (Kopiervorlage 5) ein. Machen Sie für jede Vierergruppe eine Kopie.

Anstatt die Hausaufgaben zurückzugeben, laden Sie die Lerner nun ein, das Spiel zu spielen. Gehen Sie wie üblich nach Abschluß des Spiels auf Schwierigkeiten ein; verteilen Sie dann die unkorrigierten Hausaufgaben und bitten Sie die Lerner, sie aufmerksam zu lesen. So können sie ihre Fehler – zumindest einen Teil davon – selber finden.

Lösungen: Die fehlerhaften Sätze müssen – richtig gestellt – so lauten:
4   Il faut *l'*aider.
6   J'ai été en France *il y a* un mois.
8   Il m'a téléphoné la semaine *dernière*.
18 Ils sont arrivés il y a un mois.
20 Qu'est-ce que tu as fait *pendant* les vacances.
28 *J'habite* à Paris depuis sept ans.
    Oder: J'ai habité à Paris *pendant* sept ans.
30 Téléphone-moi *avant* le huit.
34 Je *l'ai vu* il y a deux jours.

Idee: Chris Sion, *Recipe book for tired teachers* (1984)

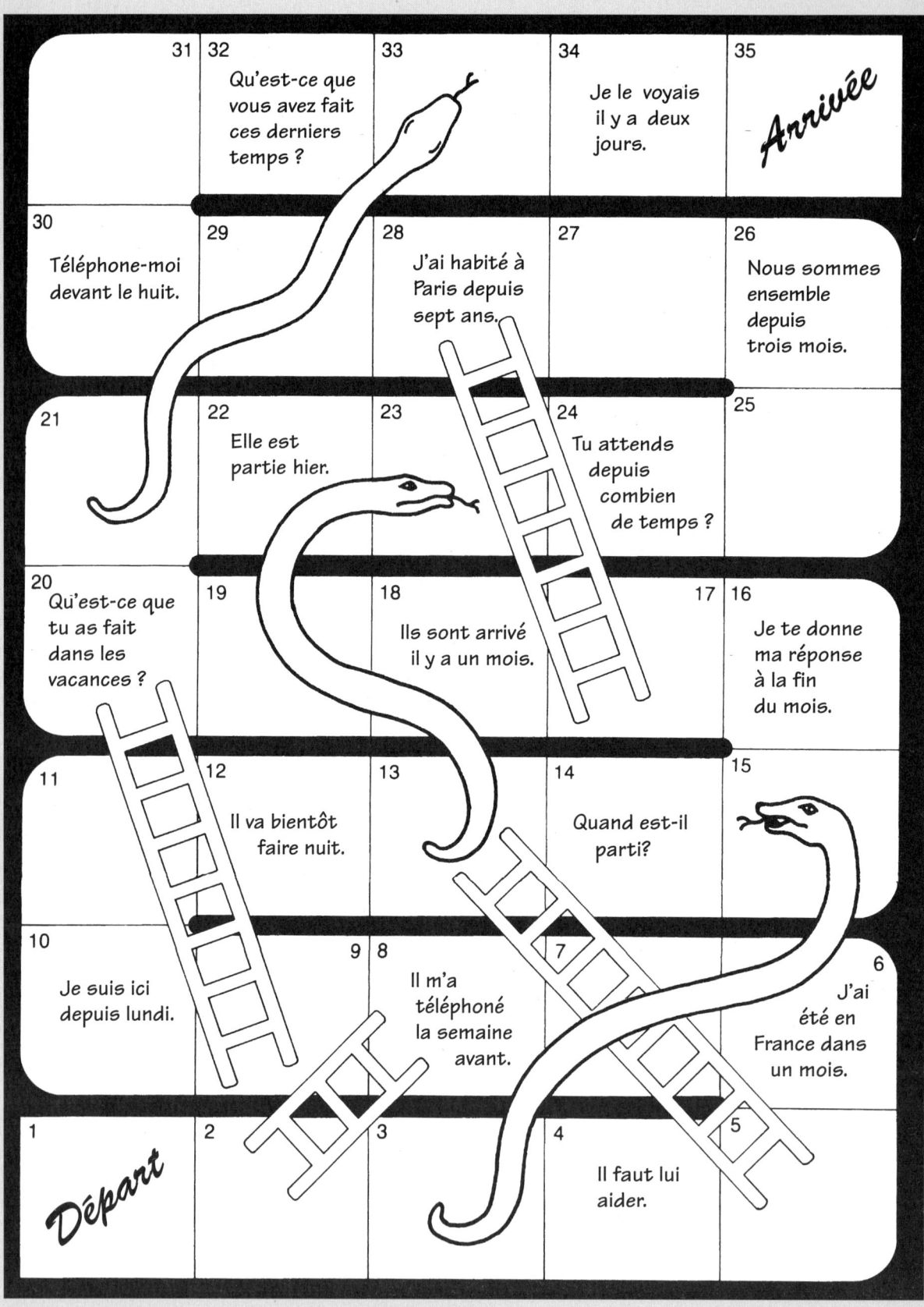

31

32 Qu'est-ce que vous avez fait ces derniers temps ?

33

34 Je le voyais il y a deux jours.

35 *Arrivée*

30 Téléphone-moi devant le huit.

29

28 J'ai habité à Paris depuis sept ans.

27

26 Nous sommes ensemble depuis trois mois.

21

22 Elle est partie hier.

23

24 Tu attends depuis combien de temps ?

25

20 Qu'est-ce que tu as fait dans les vacances ?

19

18 Ils sont arrivé il y a un mois.

17

16 Je te donne ma réponse à la fin du mois.

11

12 Il va bientôt faire nuit.

13

14 Quand est-il parti?

15

10 Je suis ici depuis lundi.

9

8 Il m'a téléphoné la semaine avant.

7

6 J'ai été en France dans un mois.

1 *Départ*

2

3

4 Il faut lui aider.

5

Nr. 5:
Schlangen und Leitern – Spielbrett (eine Kopie pro Vierergruppe)

5   Wer ...?

GRAMMATIK: *Passé composé, Imparfait,* Passiv
NIVEAU: ★ ★
DAUER: 20 Min.
MATERIAL: Eine Kopie des Fragebogens
pro Lerner

VERLAUF:

1. Stellen Sie sicher, daß die Lerner die Satzfragmente, die sie ergänzen sollen (Kopiervorlage 6), verstehen können, und erläutern Sie gegebenenfalls die neue Lexik.

2. Verteilen Sie die Blätter mit den Sätzen. Erklären Sie, daß es darum geht, innerhalb der Lerngruppe Personen zu finden, die diese Fragen bejahen können. Lerner A könnte z. B. Lerner B fragen: *Tu es né(e) en juillet?* Wenn B die Frage bejaht, trägt A den Namen von B an der entsprechenden Stelle des Blattes ein

_____ *est né(e) en juillet*

und wendet sich mit einer anderen Frage an Lerner C.

3. Sieger ist, wer in der kürzesten Zeit die größte Menge unterschiedlicher Namen gesammelt hat.

4. Bitten Sie die Lerner, aufzustehen und in der Klasse umherzugehen. Bemühen Sie sich um eine Atmosphäre wie auf einer Party bei Freunden, wo man auch kurz mit den verschiedensten Personen

ins Gespräch kommt, und sorgen Sie für einen zügigen Ablauf, indem Sie auch selber umhergehen, Fragen stellen und Namen auf Ihrem Blatt notieren. Das Spiel regt die Lerner an, schnell zu sprechen und die Fremdsprache äußerst ungezwungen anzuwenden.

5. Lassen Sie zum Abschluß einen Kreis bilden und fragen Sie:
Qui a trouvé quelqu'un qui est né(e) en juillet?
Qui a trouvé quelqu'un qui a été conçu(e) en décembre?

VARIANTEN:
Dieses Spiel ist auch gut geeignet, um das Futur, das Präsens und das Konditional zu üben, z. B.

Avis de recherche!
Trouve quelqu'un qui...
_____ *se lèvera dimanche à 7 heures du matin.*
_____ *sait jouer du piano.*
_____ *voudrait vivre à l'étranger.*

Hinweis: Achten Sie beim Erstellen des Fragenkatalogs darauf, daß ein gewisses Maß an Suche erforderlich ist, um eine Person zu finden, die die Frage bejaht.

Bemühen Sie sich, keine allzu scharfe Konkurrenzsituation aufkommen zu lassen und versuchen Sie, Konflikte zu vermeiden, die sich aus einer unterschiedlichen sozialen und wirtschaftlichen Situation der Lerner ergeben können.

Idee: Jim Brims und Gertrude Moskowitz

Nom	Trouve quelqu'un qui...
_____	est né(e) en juillet.
_____	a été conçu(e) en décembre.
_____	est né(e) à la maison.
_____	n'aime pas l'ail.
_____	entre 3 et 10 ans, faisait la sieste l'après-midi.
_____	a été allaité(e).
_____	a été mis(e) à la crêche à l'âge de 2 ans.
_____	est fils/fille unique.
_____	a été à l'école à 5 ans et demi.
_____	a été obligé(e) de manger du poisson.
_____	avait plus de 15 cousins.
_____	a été surpris(e) en train de fumer à l'âge de 7 ans.
_____	a été envoyé(e) en vacances chez ses grands-parents.
_____	savait faire de la bicyclette à 6 ans.
_____	a eu un accident très grave.
_____	allait à l'école en train.

6 Grammatik-Tennis

GRAMMATIK:	Partizip Perfekt, Gebrauch der Hilfsverben
NIVEAU:	★
DAUER:	10 Min.
MATERIAL:	Keines

VERLAUF:

1. Bitten Sie zwei Lerner, sich vor der Klasse einander gegenüber hinzusetzen. Sie selber stehen an der Tafel und übernehmen die Rolle des Schiedsrichters und Sekretärs.

2. Das Match beginnt, indem Lerner A das Partizip Perfekt eines unregelmäßigen Verbs „serviert", z.B. *pu*.
Wenn A einen Fehler macht, also z.B. *pouvu* sagt, geben Sie ihm eine zweite Chance (analog zum zweiten Aufschlag beim Tennis). Macht A wieder einen Fehler, so geht der Punkt an B; Sie nennen dann den Spielern und der Gruppe die korrekte Form und schreiben sie an die Tafel.
Anschließend ist B an der Reihe und bildet einen Beispielsatz, der das genannte Partizip enthält. B hat nur einen „Ball", darf also keinen Fehler machen. Ist der Beispielsatz richtig, muß A anschließend den Infinitiv desselben Verbs „zurückspielen". Ist er falsch, nennen Sie wiederum die korrekte Form und schreiben sie an die Tafel.

3. Danach beginnt B mit dem „Aufschlag" und muß das Partizip Perfekt eines anderen unregelmäßigen Verbs nennen. Der „Aufschlag" ist immer ein Partizip Perfekt.

4. Jedesmal, wenn ein Fehler gemacht wird – mit Ausnahme des Aufschlags –, erhält der Gegner einen Punkt. Wer zuerst fünf Punkte hat, ist Sieger.

5. Bestimmen Sie nun zwei andere Spieler. Achten Sie darauf, daß die Partien zügig gespielt werden. Schreiben Sie die richtig genannten Verbformen nach und nach an die Tafel. Die „Zuschauer" dürfen während des Spiels auf keinen Fall eingreifen.

Idee: Anna Scher und C. Verall, *100 + ideas from drama* (Heinemann 1975)

7 Das Spiel ums Geld

GRAMMATIK:	Gegenseitiges Korrigieren
NIVEAU:	★ ★ ★
DAUER:	15–30 Min.
MATERIAL:	80–120 Münzen (10 pro Spieler einer Gruppe von 8–12 Lernern) Ein Blatt mit der Aufschrift „L'orateur a raison" Ein Blatt mit der Aufschrift „L'accusateur a raison"

VERLAUF:

1. Bitten Sie die Lerner, eine Gruppe von 8–10 Spielern zu bilden und sich in der Mitte des Unterrichtsraums um einen Tisch zu setzen oder sich dort im Kreis aufzustellen. Die anderen Lerner plazieren sich rund um den Spielerkreis, so daß sie beobachten können, was dort vorgeht. (Wenn die Gruppe nicht mehr als 10 Lerner umfaßt, gibt es keine Zuschauer.)

2. Geben Sie jedem Spieler 10 Münzen, und legen Sie die beiden Blätter „L'orateur a raison" und „L'accusateur a raison" in die Mitte des von den Lernern gebildeten Kreises.

3. Erläutern Sie die Spielregeln:

a) Spieler A nennt seinem Mitspieler B ein Thema, über das er sprechen soll, z. B. über Zimmerpflanzen, *plantes d'appartement*.

b) Spieler B beginnt, über das genannte Thema zu sprechen. Wenn ein anderer Mitspieler bemerkt, daß B einen Fehler gemacht hat, oder meint, ei-

nen Fehler gehört zu haben, darf er den Redner unterbrechen und sagen:
Tu as dit: "…". C'est faux, ohne jedoch einen Korrekturvorschlag zu machen.

c) Die anderen Mitspieler geben nun ihr Votum ab, indem sie eine Münze auf das Blatt „L'orateur a raison" oder auf das Blatt „L'accusateur a raison" legen. So muß jeder Stellung beziehen.

d) Danach geben Sie Ihr Urteil ab. Wenn der Redner (*l'orateur*) recht hatte, erhält er alle Münzen, die auf dem entsprechenden Blatt liegen; wenn der Herausforderer (*l'accusateur*) recht hatte, erhält er die Münzen „seines" Blattes. Die Münzen auf dem jeweils anderen Blatt werden von Ihnen eingesammelt und aus dem Spiel genommen.

e) Wenn Sie entscheiden, daß der Herausforderer recht hat, muß er den Fehler des Redners korrigieren. Gelingt ihm das, erhält er vom Redner zwei Münzen. Macht er einen Fehler, muß er zwei Münzen an den Redner abgeben.

f) Unabhängig davon, ob die Unterbrechung durch den Herausforderer berechtigt war oder nicht, fährt B fort, über das vorgegebene Thema zu sprechen. Nach einer zweiten Unterbrechung hört er auf und bestimmt einen anderen Redner und ein anderes Thema, mit dem das Spiel fortgesetzt wird.

g) Sieger ist, wer nach einer vereinbarten Zeit, z. B. 15 Minuten, die meisten Münzen besitzt.

Idee: Dieses Spiel ist eine Adaption der BBC Radiosendung „Just a Minute". Es geht aber auch auf eine Aktivität von Bernard Dufeu, Universität Mainz, zurück.

8 Grammatik-Monopoly

GRAMMATIK:	Fragewörter, Konditional, *Passé composé*
NIVEAU:	★ ★ ★
DAUER:	30–40 Min.
MATERIAL:	Ein Spielbrett pro Vierergruppe Ein Würfel pro Vierergruppe Ein Grammatikblatt für Hoteliers pro Lerner (es gibt vier Grammatikblätter)

VERLAUF:

1. Bilden Sie Vierergruppen und geben Sie jeder Gruppe ein Spielbrett (Kopiervorlage 7) und einen Würfel.

2. Verteilen Sie die vier Grammatikblätter für Hoteliers an jede Gruppe, und geben Sie jedem Spieler eins. Er wird damit Besitzer der entsprechenden Hotels auf dem Spielbrett und darf das Blatt niemandem zeigen.

3. Bitten Sie die Lerner, eine Münze als Spielfigur zu nehmen und auf DÉPART zu setzen.

4. Erläutern Sie die Spielregeln:

a) Jeder Hotelier beginnt mit einem Kapital von 300 F auf seinem Konto. Es ist kein Bargeld im Umlauf, so daß jeder Spieler die Bewegungen auf seinem Konto notieren muß. Kommt ein Spieler auf einen Kontostand unter 300 F, muß er Konkurs anmelden und aus dem Spiel ausscheiden.

b) Ziel ist es, so viel Geld wie möglich anzusammeln und die anderen Mitspieler in den Konkurs zu treiben.

c) Zu Beginn würfelt Spieler X und rückt von DÉPART aus um die gewürfelte Augenzahl vor. Kommt er auf ein leeres Feld oder auf ein Feld mit einem Hotel, das ihm selber gehört, so geschieht

nichts, und der nächste Spieler kommt an die Reihe.

Kommt Spieler X jedoch zu einem Hotel, das einem anderen Spieler gehört, z. B. „Hotel *Passé composé 1*", so liest der Hotelbesitzer einen der Sätze seiner Liste (Kopiervorlage 8) im *Passé composé* vor. Spieler X muß entscheiden, ob der Satz korrekt ist oder nicht. Der Hotelbesitzer sagt ihm, ob seine Entscheidung zutrifft. Hat X richtig entschieden, darf er gratis im Hotel bleiben; hat er sich geirrt, muß er die auf dem Hotel angegebene Summe bezahlen. Wenn X richtigerweise festgestellt hat, daß es sich um einen falschen Satz handelt, hat er die Möglichkeit, ihn zu korrigieren. Ist sein Korrekturvorschlag richtig, so muß der Hotelier ihm die Hälfte der auf dem Gebäude angegebenen Summe auszahlen.

d) Jedesmal, wenn ein Spieler das Feld DÉPART passiert, bekommt er 15 F gutgeschrieben.

Vergewissern Sie sich, daß die Lerner die Spielregeln verstanden haben. Die Hoteliers haben alle grammatischen Informationen, die sie benötigen, auf ihrem Blatt, daher sollten Sie sich aus jeglicher Diskussion zwischen den Hoteliers und den Gästen heraushalten. Die Lerner können Ihnen, wenn nötig, nach Abschluß des Spiels Fragen stellen. Dieses Spiel ist eine gute Möglichkeit, die Grammatikkenntnisse der Lerner zu überprüfen.

VARIANTE:

Die Blätter der Hoteliers können beliebige grammatische Strukturen, idiomatische Wendungen, Wortschatz etc. enthalten. Das Spiel läßt sich auf jedem Lernniveau einsetzen. Der Schwerpunkt dieser Aktivität liegt auf der Aneignung und dem korrekten Gebrauch grammatischer Strukturen.

Hinweis: Wahrscheinlich läßt sich das Monopoly am besten einsetzen, wenn es Sätze umfaßt, die von den Lernern selber stammen, z. B. aus Hausaufgaben.

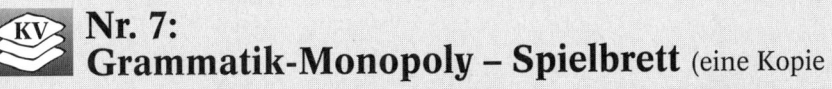
Allez à l'hôtel Conditionnel 1 en passant par la case DEPART

Hôtel Imparfait 2 60F

Hôtel Imparfait 1 60F

Hôtel Présent 1 60F

D

D

D

C

Hôtel Conditionnel 3 90F

Vous avez perdu 45F

Hôtel Présent 2 90F

A

Vous avez gagné 90F

C

Hôtel Conditionnel 2 90F

Hôtel Passé composé 1 15F

A

A

B

Hôtel Conditionnel 1 180F

DÉPART

Hôtel Passé composé 2 15F

Hôtel Passé composé 3 30F

Hôtel Présent 2

Vous roulez sous un ciel de Camargue d'un bleu parfait. La route
vous conduit à travers le vignoble vers le Domaine du Listel.   juste

Oui, c'est vrai, je comprends ton point de vue.   juste

A quoi est-ce que tu viens de penser en ce moment ?   faux
On doit dire : A quoi est-ce que tu es en train de penser en ce moment ?

Qu'est-ce que tu penses de la situation économique au Vénézuela ?   juste

Hôtel Passé composé 1, 2, 3

J'ai arrivé vendredi.   faux
On doit dire: Je suis arrivé vendredi.

Ils sont déjà venus ici il y a deux ans.   juste

Je suis monté l'escalier.   faux
On doit dire : J'ai monté l'escalier.

Je viens de jouer de la guitare toute la journée.   faux
On doit dire : J'ai joué de la guitare toute la journée.

J'ai travaillé en France pour 5 ans.   faux
On doit dire : ...pendant 5 ans.

Tu m'attendais combien de temps hier soir ?   faux
On doit dire : Tu m'as attendu combien de temps, hier soir ?

Vous vous êtes connus depuis quand ?   faux
On doit dire : Vous vous êtes connus quand ?

J'ai toujours aimé Mozart.   juste

Hôtel Conditionnel 1

S'il n'était pas sincère, tu t'en rendrais compte.	juste
Je serais venu si tu me l'aurais dit. *On doit dire* : Je serais venu si tu me l'avais dit.	faux
Qu'est-ce que tu aurais fait dans un cas pareil ?	juste
Je te rendrais bien l'argent demain, mais ils ne me paieront pas avant la fin du mois.	juste
S'il pleuvrait, je resterais à la maison. *On doit dire* : S'il pleuvait,...	faux
Si je ratais ce train, j'en prenais un autre, plus tard. *On doit dire* : Si je ratais ce train, j'en prendrais un autre, plus tard.	faux

Hôtel Conditionnel 2

Si tu devrais aller travailler à l'étranger, qu'est-ce que tu dirais ?   faux
On doit dire : Si tu devais aller travailler...

Qu'est-ce que tu ferais à sa place ?   juste

S'il le lui avait dit à temps, elle serait déjà là.   juste

S'il te l'avait dit, est-ce que tu te seras mis en colère ?   faux
On doit dire : ...tu te serais mis en colère ?

Hôtel Conditionnel 3

J'aimerais bien que lui aussi, il participe à cette compétition.   juste

Si on veut arriver à l'heure, il fallait partir maintenant.   faux
On doit dire : ...il faudrait partir maintenant.

Qu'est-ce que vous lui auriez dit si elle était arrivée en retard ?   juste

Je resterais avec lui s'il était plus gentil.   juste

Hôtel Présent 1

Je ne supporte plus mon mari ! Il me rende la vie difficile. *On doit dire* : ...Il me rend la vie difficile.	faux
Je suis Française, de Paris.	juste
Il croit vraiment à tout ce que vous disez ? *On doit dire* : Il croit vraiment à tout ce que vous dites ?	faux
Comme j'habite à Monaco, je va souvent au "Jardin Anglais". *On doit dire* : ...je vais souvent au "Jardin Anglais".	faux
Tu peux m'apporter une carafe de vin, s'il vous plaît. *On doit dire* : Vous pouvez...s'il vous plaît. *ou* : Tu peux...s'il te plaît.	faux

Hôtel Imparfait 1

Je ne suis pas venue à la fête parce que je devais travailler.	juste
Quand j'étais petite, je jouais dans notre grand jardin.	juste
Qui l'attendait à la gare ?	juste
Qui lui faisait à manger quand il a été malade ? *On doit dire*: ...quand il était malade ?	faux

Hôtel Imparfait 2

Quand j'ai été en vacances, il a plu tous les jours. *On doit dire* : Quand j'étais en vacances,...	faux
La vie a été plus simple quand j'étais jeune. *On doit dire* : La vie était plus simple...	faux
Pourquoi ne voulait-il pas habiter Rome ?	juste
Il est alors tombé dans la rivière, mais il savait nager.	juste

9   Grammatisches Damespiel

GRAMMATIK:	Bestimmter und unbestimmter Artikel
NIVEAU:	★
DAUER:	30–40 Min.
MATERIAL:	Ein Spielbrett für jeweils zwei Lerner
	Ein Blatt mit Substantiven für jeweils zwei Lerner (schwarze Spielsteine)
	Ein Blatt mit Artikeln für jeweils zwei Lerner (weiße Spielsteine) – möglichst auf dünnen Karton aufkleben

VERLAUF:

1. Die Lerner formieren sich zu Zweiergruppen. Geben Sie jedem Paar ein Spielbrett und ein Blatt mit weißen und schwarzen „Spielsteinen" (Kopiervorlage 12).

2. Die Spieler zerschneiden und falten die Felder in der angezeigten Weise und erhalten so ihre Spielsteine. (Wenn Sie am Ende des Spiels die „Spielsteine" einsammeln und in Briefumschlägen aufbewahren, können Sie sie das nächste Mal wieder verwenden.)

3. Bitten Sie die Spieler, die schwarzen Spielsteine auf die grauen Felder auf einer Seite des Spielbretts und die weißen Steine auf die grauen Felder der gegenüberliegenden Seite zu setzen.

4. Fragen Sie nun die Spieler, ob sie die Regeln des Damespiels kennen. Lassen Sie sie möglichst von einem Lerner erläutern oder erklären Sie sie selbst in einfachen Worten:
Es geht darum, die Spielsteine des Gegners zu „fressen". Dies ist dann möglich, wenn ein weißer und ein schwarzer Spielstein auf zwei benachbarten Feldern zu stehen kommen. Dabei kann der Spielstein, der keine Spielsteine des eigenen Teams

oder den Rand des Spielbretts hinter sich hat, gefressen werden.
Der Spieler mit den weißen Steinen eröffnet das Spiel. Er rückt mit seinem Stein diagonal ein Feld in Richtung Mitte vor, der Gegner reagiert mit einem entsprechenden Zug, den er ebenfalls in Richtung Mitte ausführt, denn es geht u.a. auch darum, auf die jeweils andere Spielbrettseite zu gelangen. Gelingt dies einem Spielstein, wird er zur DAME und bekommt einen Spielstein derselben Farbe aufgesetzt, der zuvor vom Gegner gefressen worden war. Die DAME genießt nun gegenüber den anderen Steinen den Vorteil, daß sie sich nicht nur diagonal, sondern nach allen Richtungen und über mehrere Felder hin bewegen darf, wobei sie aber immer auf den grauen Feldern verweilen muß. Außerdem kann sie von den normalen Spielsteinen nicht gefressen werden. Sieger ist, wer alle gegnerischen Spielsteine gefressen hat.

5. Fügen Sie folgende Regel hinzu: Ein weißer Spielstein kann nur dann einen schwarzen fressen – und umgekehrt –, wenn die beiden zusammenpassen. Beispielsweise kann der Spielstein *le* dem Spielstein *instrument* nichts anhaben, der Spielstein *l'* ist für ihn hingegen lebensgefährlich.

6. Beginnen Sie nun das Spiel. Wenn Sie bemerken, daß die Spielregeln nicht vollends beherrscht werden, helfen Sie den einzelnen Paaren.

7. Klären Sie gegebenenfalls auftretende Grammatikfragen gleich während des Spiels.

VARIANTE:

Anstelle von Substantiven und Artikeln können auch andere Grammatikphänomene Gegenstand des Damespiels sein, z. B. Substantive und Adjektive, Pronomen und Verben etc.

Nr. 12:
Grammatisches Damespiel – Spielbrett (eine Kopie für je zwei Lerner)

Spielsteine Substantive
(eine Kopie für je zwei Lerner)

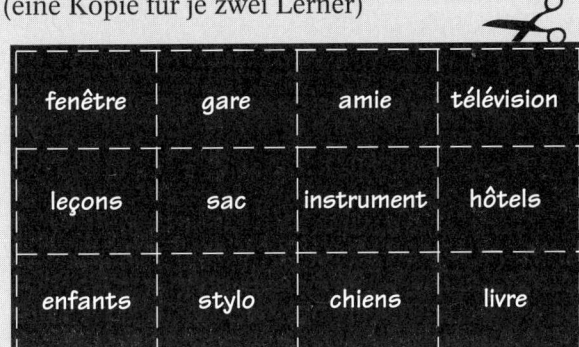

fenêtre	gare	amie	télévision
leçons	sac	instrument	hôtels
enfants	stylo	chiens	livre

Spielsteine Artikel
(eine Kopie für je zwei Lerner)

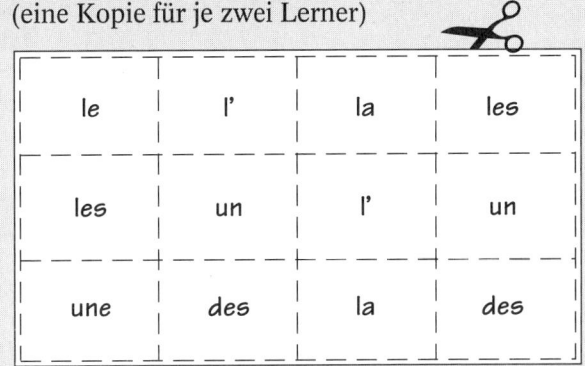

le	l'	la	les
les	un	l'	un
une	des	la	des

10 Schnapp

GRAMMATIK:	Imperativ
NIVEAU:	★★ bis ★★★
DAUER:	20–40 Min.
MATERIAL:	Ein Set mit 72 Spielkarten pro Dreiergruppe
	Eventuell: mehrere Scheren

VERLAUF:

1. Bilden Sie Dreiergruppen.

2. Geben Sie jeder Gruppe drei Din-A-4 Blätter, und bitten Sie die Lerner, jedes Blatt so zu falten, daß 24 Felder entstehen, und diese auszuschneiden. Jede Dreiergruppe hat am Ende 72 Kärtchen.

3. Schreiben Sie die Satzhälften der Kopiervorlagen 13 bis 15 so schnell Sie können an die Tafel, und bitten Sie die Lerner, jede der Satzhälften auf eines der Kärtchen zu schreiben. Alle helfen beim Beschriften mit; am Ende hat jede Dreiergruppe 72 Satzhälften auf 72 verschiedenen Kärtchen. (Wenn Sie eine ausreichende Anzahl von Scheren haben, brauchen Sie die Kopiervorlagen nur für jede Gruppe zu kopieren, die Lerner schneiden dann die Kärtchen aus.)

Sie brauchen die Lerner an der Herstellung des Spiels nur dann zu beteiligen, wenn sie es zum ersten Mal spielen. Danach können Sie die Kärtchen einsammeln und in verschiedenen Briefumschlägen aufbewahren. So haben Sie das Spiel schon parat, wenn Sie es mit einer anderen Gruppe spielen wollen.

4. Erläutern Sie das Spiel, indem Sie es mit einem Lerner vorspielen und die Gruppe zuschaut:
a) Bitten Sie den Lerner, sich mit dem Gesicht zur Gruppe neben Sie an einen Tisch zu setzen.
b) Geben Sie ihm den Stapel Schnapp-Karten, die er gründlich mischen soll.
c) Zeichnen Sie zwei Felder auf ein Blatt, das vor Ihnen beiden auf den Tisch gelegt wird, und bezeichnen Sie das eine Feld mit WENN, das andere mit DANN.
d) Bitten Sie den Lerner, Ihnen die Hälfte der Karten zu geben und die andere Hälfte selber zu behalten (jeder hat also 36). Legen Sie beide Ihren Stapel *mit der Schrift nach unten* auf den Tisch.
e) Der Lerner dreht die erste Karte um und legt sie

mit der Schrift nach oben in das entsprechende Feld; Sie tun das gleiche; der Lerner dreht die nächste Karte um, Sie auch und so fort.
f) Wenn einer von Ihnen merkt, daß der aufgedeckte WENN und der DANN Satz grammatikalisch und inhaltlich zusammenpassen, ruft er „Schnapp". Wer zuerst „Schnapp" gerufen hat, bekommt alle Kärtchen, die bislang auf den beiden Feldern liegen.
g) Ziel des Spiels ist es, in den Besitz aller Karten zu kommen.

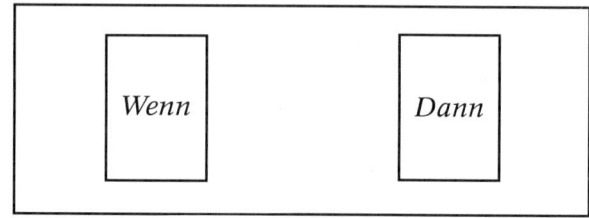

5. Nachdem die Lerner nun gesehen haben, wie das Spiel abläuft, spielen sie in Dreiergruppen. Zwei sitzen nebeneinander und spielen in der oben beschriebenen Weise, nachdem sie sich ein Blatt mit WENN-DANN Feldern angefertigt haben; der dritte schreibt alle Schnapp-Sätze auf. Gehen Sie während des Spiels umher und helfen Sie dort, wo die Spielregeln noch nicht klar sind.

6. Brechen Sie das Spiel nach 10 bis 15 Minuten ab, und bitten Sie die „Sekretäre" jeder Gruppe, ihre Schnapp-Sätze an die Tafel zu schreiben. Fordern Sie die Lerner auf, ihre Sätze laut vorzulesen, und achten Sie darauf, daß sie zwischen der ersten und zweiten Hälfte keine unnatürliche Pause machen.

Hinweis: Schnapp erlaubt es den Lernern, sich über die Vereinbarkeit von Strukturen bewußt zu werden, ohne gleich zum Sprechen gezwungen zu sein. Das Spiel trainiert das schnelle Erkennen möglicher Satzmuster.

Schnapp eignet sich auch für andere Strukturen, bei denen mehrere Teile zusammenpassen müssen, z.B. bei Bedingungssätzen folgenden Typs: *S'il ne pleut pas / j'irai me promener dans le parc. / Si je l'avais su / je serais venu.*

Idee: Lesley Randles beschreibt in *Take five* ein lexikalisches Schnapp aus Begriffen und Bildern.

SI TU AS FROID	SI VOUS AVEZ BESOIN D'AIDE	SI VOUS AVEZ LE TEMPS	SI TU ES PRES-SÉ(E)	NE TRA-VAILLE PAS TROP	PRENDS-LE
METS UN PULL	NE VOUS BAIGNEZ PAS	ALLEZ AU MUSÉE	SI TU ES FA-TIGUÉ(E)	SI TU NE L'AI-MES PAS	SI ÇA NE TE PLAÎT PAS
SI TU AS SOIF	SI VOUS NE VOUS SENTEZ PAS BIEN	SI TU AS SOMMEIL	VIENS UNE AUTRE FOIS	NE L'ACHÈTE PAS	SI ÇA TE PLAÎT
BOIS QUEL-QUE CHOSE	DITES-LE	VA AU LIT	COURS	NE TE MARIE PAS	VENEZ DÎNER CHEZ NOUS

SI LE BÉBÉ DORT	PRENEZ UN DIGESTIF	SI TU VEUX MAIGRIR	SI TU AS ENCORE FAIM	ACHÈTE LE JOUR-NAL	DIS-LE-MOI
NE LE RÉVEILLE PAS	SI VOUS AVEZ TROP MANGÉ	NE MANGE PAS TROP DE PAIN	MANGE UN YAOURT	SI VOUS PARTEZ EN ITALIE	SI TU NE PEUX PAS AU-JOUR-D'HUI
SI VOUS AVEZ DES PROBLÈ-MES DE SANTÉ	SI VOUS NE ME CROYEZ PAS	SI VOUS N'AIMEZ PAS LA BIÈRE	SI TU SORS	EN-VOYEZ-MOI UNE CARTE	SI TU EN ES CON-VAIN-CU(E)
NE TRA-VAILLEZ PAS TROP	DEMAN-DEZ À QUEL-QU'UN D'AUTRE	PRENEZ UN JUS DE FRUIT	N'OUBLIE PAS LA CLÉ	SI TU NE ME CROIS PAS	N'HÉSITE PAS

RE-PRENDS-EN	FAIS-LE	ALLEZ VOIR UN MÉDECIN	DITES-LE-MOI À L'AVANCE	RE-POSEZ-VOUS	SI VOUS DEVEZ PARTIR
SI TU AS FAIM	SI VOUS VOULEZ	SI VOUS ÊTES MALADE	SI VOUS NE POUVEZ PAS VENIR	SI ÇA VOUS PLAÎT	SI VOUS LE SAVEZ
ÉCRIS-MOI	APPE-LEZ PLUS TARD	REVENEZ À L'HEURE DU DÉ-JEUNER	NE FAITES PAS DE COMPLI-MENTS	ACHE-TEZ-LA	DITES-LE
SI TU FAIS DES COUR-SES	SI TU VEUX	SI VOUS POUVEZ	SI VOUS ÊTES FATI-GUÉ(E)	SI TU PEUX	SI ÇA VOUS INTÉ-RESSE

11 Domino

GRAMMATIK: Wortbildung, Präfixe und Suffixe
NIVEAU: ★ ★ ★
DAUER: 15–20 Min.
MATERIAL: Eine Kopie des Sets von 56 Dominos pro Sechsergruppe
Eventuell: mehrere Scheren

VERLAUF:

1. Bilden Sie Gruppen zwischen drei und sechs Lernern und bitten Sie sie, sich rund um einen Tisch zu setzen. Geben Sie jeder Gruppe die beiden Dominoseiten (Kopiervorlage 16 und 17) und fordern Sie sie auf, die Blätter vorsichtig zu falten und so auseinanderzureißen oder zu zerschneiden, daß Dominosteine entstehen. Ein Lerner aus der Gruppe mischt und verteilt sie; niemand sollte seine Dominosteine den anderen zeigen.

2. Spieler A jeder Gruppe beginnt und legt einen Dominostein aus. Sein rechter Nachbar legt einen Stein daran an, von dem ein Ende mit einem Ende des Steins von A kombinierbar ist. Wenn die linke Seite von A's Dominostein *fait* lautet, und der nächste Spieler einen Spielstein mit dem Präfix PAR links davon anfügt, so ist das eine gültige Kombination.

3. Die Spieler fahren im Kreis fort; wenn jemand kein Domino anlegen kann, setzt er oder sie aus. Sieger ist, wer zuerst keine Dominosteine mehr hat.

4. Gehen Sie von einer Gruppe zur anderen und geben Sie Hilfestellung, wenn die Lerner wissen möchten, ob eine bestimmte Verbindung möglich ist. Geben Sie ihnen sofort eine Rückmeldung.

5. Wenn das Spiel beendet ist, bewahren Sie die Domino-Sets in Briefumschlägen auf, um sie bei einer anderen Gruppe wieder zu verwenden.

Hinweis: Das Domino läßt sich auch mit anderen paarweisen Verbindungen spielen, allerdings schlug ein Versuch mit unregelmäßigen Verben fehl; offenbar kommt die vielfältige Kombinierbarkeit der Elemente wie im Fall der Wortbildung dem echten Domino am nächsten.

Idee: Paul Davis

PRO	RE	RE	PAR	RE	DÉ	EXTRA
ISME	TION	ISME	ABLE	TION	ISTE	IER
égo	ambi	réal	lav	posi	violon	journal
tourner	messe	fait	utile	duire	national	faire
RE	PRO	PAR	IN	TRA	INTER	DÉ
ISME	ISME	MENT	TION	IBLE	ISTE	ERIE
altru	héro	parle	solu	vis	dent	crêp
duire	connaître	cours	venir	monter	tenir	ordinaire

DÉ	PRÉ	IN	PRÉ	TRANS	RE	DÉS
ÉE	EUR	MENT	ISTE	EUSE	ABLE	ER
matin	vend	enseigne	optim	dans	aim	bouch
équilibre	dire	construire	variable	action	centrer	agréable
DÉS	PRÉ	RE	IN	RÉ	CON	DÉS
ÉE	ÈRE	ERIE	ISTE	EUR	ABLE	MENT
arriv	boulang	épic	spécial	chant	raisonn	vête
valuation	voir	visible	vision	mettre	lever	avantage

12 Liebesgeschichte

GRAMMATIK:	Syntaktische Strukturen
NIVEAU:	★ ★ ★
DAUER:	40–60 Min.
MATERIAL:	Kopieren Sie die durcheinandergewürfelten Sätze (Kopiervorlage 18) auf eine Folie, oder schreiben Sie sie auf 10 große Pappstreifen, so daß sie für die ganze Gruppe gut lesbar sind. Kopieren Sie die korrekten Sätze in ausreichender Zahl, um sie später jeder Dreiergruppe aushändigen zu können.

VERLAUF:

1. Bilden Sie Dreiergruppen und erklären Sie den Lernern, daß dieses Grammatikspiel darin besteht, eine Liebesgeschichte zu lesen.

2. Erläutern Sie die Spielregeln und die Punktevergabe:
Die Lerner sehen einen Satz, dessen Wörter durcheinandergewürfelt sind, und müssen daraus den korrekten Satz rekonstruieren; die Gruppe, die als erste den richtigen Satz findet, erhält drei Punkte; wenn eine Gruppe einen fehlerhaften Satz anbietet, wird ihr ein Punkt abgezogen.

3. Zeigen Sie den ersten Satz, und ermuntern Sie die Lerner, eventuelle Hypothesen schriftlich zu formulieren. Stellen Sie sicher, daß die Übung lebhaft, aber konzentriert durchgeführt wird; wenn die Gruppe bei einem Satz nicht weiterkommt, geben Sie Hilfestellung, indem Sie die ersten drei Wörter in der richtigen Reihenfolge angeben. Geben Sie pro Satz nicht mehr als drei Minuten Zeit. Wenn ein Satz herausgefunden wurde oder die drei Minuten verstrichen sind, gehen Sie zum nächsten über. Notieren Sie während des Spielverlaufs die Punkte für die einzelnen Gruppen.

4. Geben Sie abschließend den Punktestand bekannt.

5. Verteilen Sie die Kopie mit den korrekten Sätzen (Kopiervorlage 19) und weisen Sie besonders darauf hin, daß es in einigen Fällen mehr als eine Möglichkeit gibt, einen richtigen Satz zu konstruieren.

Hinweis: Sie können auch einfach einige Lerner bitten, selber eine Folie mit durcheinandergewürfelten Sätzen vorzubereiten. Der Prozeß der Vorbereitung fördert das Lernen ganz besonders.

1. deux maman connais depuis et mois sa les soeur je lui

2. plu il j' a tout et suite de m' que lui plaisais je vu ai

3. connaissons sœur que nous est depuis nous amie sa mon devenue

4. lui vus nous très nous souvent sommes moi et

5. intelligent est il gentil beau et

6. beaucoup ensemble promenades fait nous de avons

7. tellement temps faudrait pour que il raconte te de je

8. parents vrai à je dire connais ne ses pas

9. élevé il bien est très

10. comment nous te la dire nous semaine marierons prochaine

1. Maman, je les connais lui et sa soeur depuis deux mois.

2. Il m'a tout de suite plu et j'ai vu que je lui plaisais.

3. Depuis que nous nous connaissons, sa soeur est devenue mon amie.

4. Lui et moi, nous nous sommes vus très souvent.

5. Il est beau, gentil et intelligent !

6. Nous avons fait beaucoup de promenades ensemble.

7. Il faudrait tellement de temps pour que je te raconte...

8. A vrai dire, je ne connais pas ses parents !

9. Il est très bien élevé.

10. Comment te dire... nous nous marierons la semaine prochaine.

13 Verzögerte Antworten

GRAMMATIK:	Fragewörter und Präpositionen
NIVEAU:	★ ★
DAUER:	5–10 Min.
MATERIAL:	Eine Kopie der Fragenliste pro Zweiergruppe

VERLAUF:

1. Machen Sie zunächst vor, wie die Übung abläuft: Bitten Sie einen Lerner, Ihnen die erste einer Reihe von Fragen, die Sie zuvor vorbereitet haben, zu stellen. Antworten Sie nur „.... hmm ...“ mit geschlossenem Mund. Auf die zweite Frage geben Sie die Antwort, die zu der ersten Frage gepaßt hätte. Auf die dritte Frage reagieren Sie mit der zur zweiten Frage passenden Antwort und so weiter. Die verwirrende Kombination von Fragen und Antworten führt oft zu lustigen Ergebnissen.

2. Bilden Sie Zweiergruppen und geben Sie jedem Paar eine Kopie mit dem Fragenkatalog A, B oder C (Kopiervorlage 20). Ein Lerner stellt die Fragen, der andere gibt die jeweils um eine Frage verzögerte Antwort. Es wird um die Wette gefragt: die Gruppe, die zuerst den ganzen Fragenkatalog „abgearbeitet“ hat, gewinnt das Spiel.

VARIANTE:

1. Lassen Sie die Fragen von den Lernern vorbereiten.

2. Bilden Sie Vierergruppen: einer kontrolliert die Zeit, einer stellt die Fragen, und die beiden anderen sind die Spieler.

3. Derjenige, der die Fragen stellt, „feuert“ schnell hintereinander fünf Fragen an Spieler A ab, der jeweils eine *falsche* Antwort geben muß. Der Zeitnehmer notiert die benötigte Zeit. Anschließend wird Spieler B mit fünf ähnlichen Fragen „bombardiert“. Mögliche Fragen:

> Quel âge as-tu ?
> Où habites-tu ?
> Quelle est ta couleur préférée ?
> Quelle heure est-il ?
> Comment est-ce que tu es venu ici ?

> A quelle heure est-ce que tu t'es levé ce matin ?
> Qu'est-ce que tu as mangé au déjeuner ?
> Où habite ton meilleur ami ?
> Quel genre de musique est-ce que tu n'aimes
>   pas ?
> Tu as combien de frères et sœurs ?

4. Sieger ist, wer in der kürzesten Zeit geantwortet hat. (Die Schwierigkeit besteht darin, die falsche Antwort in möglichst kurzer Zeit zu geben.)

Idee: Fernsehsendung „Losing a million“

A

Où dors-tu ? *(aucune réponse ne suit)*
Où manges-tu ? *(la réponse à la première question doit suivre)*
Où vas-tu nager ?
Où laves-tu tes vêtements ?
Où t'installes-tu pour lire ?
Où prépares-tu tes repas ?
Où écoutes-tu de la musique ?
Où regardes-tu la télévision ?
Où fais-tu tes courses ?
Où vas-tu en vacances cette année ?

B

Avec quoi mange-t-on la soupe ?
Avec quoi coupe-t-on la viande ?
Sur quoi écrit-on ?
Avec quoi est-ce qu'on se lave les dents ?
On se mouche dans quoi ?
Avec quoi est-ce qu'on se coiffe ?
On dort dans quoi ?
Avec quoi écrit-on ?
Qu'est-ce qu'on porte au lit ?
Comment est-ce qu'on s'habille pour aller en haute montagne ?

C

Tu peux me citer une chose que tu as mangée la semaine dernière ?
Tu peux me citer une chose que tu as vue la semaine dernière ?
Qu'est-ce que tu as particulièrement aimé ces derniers temps ?
Qu'est-ce que tu voudrais faire la semaine prochaine ?
Où aurais-tu aimé être la semaine dernière ?
Où penses-tu aller en vacances ?
Où es-tu allé(e) pour tes dernières vacances ?
Quel est le plus bel endroit où tu es allé(e) en vacances ?

II. Kooperative Spiele rund um den Satzbau

14 Ausstreichen und Ersetzen

GRAMMATIK:	Syntaktische Strukturen
NIVEAU:	★ ★ ★
DAUER:	5–15 Min.
MATERIAL:	Keines

VERLAUF:

1. Bitten Sie einen Lerner, einen Mann, eine Frau und einen Drachen an die Tafel zu zeichnen. Machen Sie keine genaueren Angaben, und zeichnen Sie die Figuren keinesfalls selber!

2. Bitten Sie einen Lerner, die Rolle des Sekretärs zu übernehmen und folgenden Satz in Form einer Sprechblase, die aus dem Mund des Mannes oder der Frau kommt, an die Tafel zu schreiben:

> Si le dragon continue à cracher le feu, il faudra que nous nous en allions.

Im weiteren Verlauf der Aktivität müssen Sie als Kursleiter/in völlig stumm bleiben. Löschen Sie ein bis vier Wörter aus dem Satz, und deuten Sie durch entsprechende Mimik an, daß diese Wörter durch ein oder mehrere andere ersetzt werden müssen. Sobald jemand ein Wort vorschlägt, schreiben Sie es auf, auch wenn es syntaktisch nicht korrekt ist. Bitten Sie den Lerner, den Satz mit dem neuen Wort oder den neuen Wörtern laut vorzulesen, und zu überprüfen, ob er korrekt ist.

Fordern Sie (a) einen Lerner oder (b) die Gruppe stumm auf, über die Richtigkeit des Satzes zu befinden. Wenn die Lerner zu Recht der Meinung sind, daß er falsch ist, löschen Sie das Wort oder die Wörter wieder aus, und bitten Sie jemanden, es durch ein anderes oder mehrere andere zu ersetzen.

Wenn der Satz jedoch von allen für richtig befunden wird, löschen Sie ein weiteres Wort und verfahren in derselben Weise. Ziel ist es, die Aktivität mit einem Satz, der vom ursprünglichen völlig verschieden ist, zu beenden.

Im Verlauf der Übung werden Sie feststellen, wie sehr Ihr Schweigen eine wirksame Unterstützung der Übung darstellt, denn die Lerner werden sich bemühen, die so entstandene Leere zu füllen; Ihr Schweigen erlaubt es Ihnen außerdem, die Lerner genauer zu beobachten als es Ihnen möglich wäre, wenn Sie am Gespräch teilnehmen würden.

Eine Gruppe auf fortgeschrittenem Lernniveau hat diesen Satz in folgender Weise umgewandelt:

1. le cracheur de feu

Si ~~le dragon~~ continue à cracher le feu, il faudra que nous nous en allions.

---

2. le cracheur de feu   **du vin**

Si ~~le dragon~~ continue à cracher ~~le feu~~, il faudra que nous nous en allions.

---

3. le cracheur de feu   **boire**   du vin

Si ~~le dragon~~ continue à ~~cracher~~ ~~le feu~~, il faudra que nous nous en allions.

---

4. le cracheur de feu **commence à** boire   du vin

Si ~~le dragon~~ ~~continue à~~ ~~cracher~~ ~~le feu~~, il faudra que nous nous en allions.

---

5. le cracheur de feu commence à boire   du vin,   **il faut que**

Si ~~le dragon~~ ~~continue à~~ ~~cracher~~ ~~le feu~~, ~~il faudra que~~ nous nous en allions.

---

6. **Quand** le cracheur de feu commence à boire du vin,   il faut que

~~Si~~ ~~le dragon~~ ~~continue à~~ ~~cracher~~ ~~le feu~~, ~~il faudra que~~ nous nous en allions.

---

7. Quand le cracheur de feu commence à boire du vin,   il faut qu'**on s'embrasse.**

~~Si~~ ~~le dragon~~ ~~continue à~~ ~~cracher~~ ~~le feu~~, ~~il faudra que~~ ~~nous nous en allions~~.

Idee: John Pit, Pilgrims

15 Das Spiel aus Marienbad

GRAMMATIK:	Syntaktische Strukturen
NIVEAU:	★ ★ ★
DAUER:	10–15 Min.
MATERIAL:	Keines

VERLAUF:

1. Schreiben Sie den folgenden Text in vier Zeilen, so wie er hier abgedruckt ist, an die Tafel:

> Chérie
> Je t'aime à la folie
> Si tu t'en allais, j'en mourrais
> Je te demande de ne pas me quitter

2. Bilden Sie zwei Gruppen und erläutern Sie, daß das Ziel des Spiels darin besteht, das an der Tafel stehende „Gedicht" zu verkürzen. Gruppe A beginnt: Sie kann entweder eine komplette Zeile streichen oder aber eine beliebige Anzahl von Wörtern innerhalb einer Zeile.

Nachdem die Lerner Ihnen gesagt haben, was Sie auswischen sollen, bitten Sie einen aus der Gruppe, das verbleibende Gedicht laut vorzulesen. Es muß noch grammatisch korrekt sein; es muß auch einen Sinn ergeben, der sich aber von dem des ursprünglichen Gedichts unterscheiden darf.

Wenn Gruppe A etwas zu streichen beschließt, was nicht gestrichen werden kann, tun Sie es trotzdem; denn wenn die Lerner das Gedicht laut vorlesen, werden sie den Fehler höchstwahrscheinlich bemerken. Sollte das nicht der Fall sein, bitten Sie die Gruppe B um ihre Meinung. Geben Sie selber nur dann ein Urteil ab, wenn es gar nicht anders möglich ist. Anschließend ist Gruppe B an der Reihe, eine ganze Zeile oder beliebig viele Wörter innerhalb einer Zeile zu streichen. Ziel ist es, das gegnerische Team dazu zu bringen, daß es das letzte Wort auslöschen muß.

3. Wenn Sie das Spiel zum ersten Mal spielen, werden die Lerner einige Schwierigkeiten haben, die Regeln zu befolgen. Versuchen Sie es erneut mit folgendem Ausschnitt aus einem Gedicht von Robert Desnos:

> Le capitaine Jonathan,
> Étant âgé de dix-huit ans,
> Capture un jour un pélican
> Dans une île d'Extrême-Orient.

Hinweis: Dieses Spiel wird in dem Film „Letztes Jahr in Marienbad" gespielt, und zwar mit Streichhölzern, die im Gegensatz zu den Wörtern keinen grammatischen oder syntaktischen Zwängen unterliegen. Der für den Lernprozeß wichtigste Schritt des Spiels besteht darin, daß sich die Lerner bewußt machen, welches Wort bzw. welche Wortfolge man *nicht* wegstreichen kann.

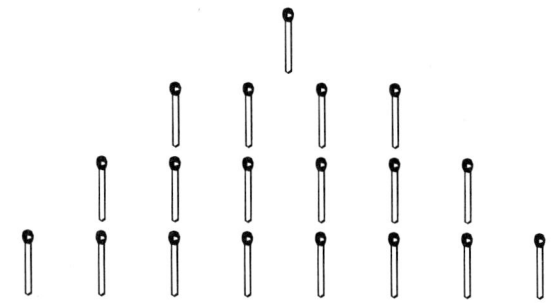

Vielleicht sind die Lerner daran interessiert, das vollständige Gedicht von Robert Desnos kennenzulernen.

Le Pélican

Le capitaine Jonathan,
Étant âgé de dix-huit ans,
Capture un jour un pélican
Dans une île d'Extrême-Orient.
Le pélican de Jonathan,
Au matin, pond un œuf tout blanc,
Et il en sort un pélican
Lui ressemblant étonnamment.
Et ce deuxième pélican
Pond à son tour un œuf tout blanc
D'où sort, inévitablement,
Un autre qui en fait autant.
Cela peut durer très longtemps
Si l'on ne fait pas d'omelette avant.

Aus: Robert DESNOS, *Chantefables et Chantefleurs* (Librairie Gründ)

16 Sätze erweitern

GRAMMATIK:	Syntaktische Strukturen
NIVEAU:	★ ★ ★
DAUER:	5–30 Min.
MATERIAL:	Keines

VERLAUF:

1. Bitten Sie ein Mitglied der Gruppe, Adam und Eva, den Baum und den Apfel an die Tafel zu zeichnen.

2. Schreiben Sie einen Satz in folgender Anordnung an die Tafel:

ELLE   LUI   DONNE   UNE   POMME

Die Lerner müssen nun ein Wort an der vor Ihnen angegebenen Stelle hinzufügen:

ELLE   LUI   DONNE   UNE   ?   POMME

Schreiben Sie das von einem Lerner vorgeschlagene Wort auf, und bitten Sie ihn, den Satz laut vorzulesen. Sie selber bleiben völlig stumm. Wenn das vorgeschlagene Wort nicht paßt, bitten Sie die anderen um ihre Ansicht (dabei dürfen Sie aber nicht sprechen, sondern müssen Ihre Frage rein mimisch ausdrücken). Erst dann, wenn niemand den Fehler erkennt, reagieren Sie, indem Sie das unpassende Wort auslöschen.

Setzen Sie die Übung fort, indem Sie weitere Stellen markieren, an denen ein Wort eingefügt werden soll – auch dort, wo syntaktisch kein Wort hineinpaßt, denn es ist wichtig, daß den Lernern bewußt wird, an welchen Stellen man Wörter hinzufügen kann und an welchen nicht.

Eine Anfängergruppe hat den obigen Satz in folgenden Schritten erweitert; die fehlerhaften Vorschläge sind hier nicht aufgeführt (obwohl gerade sie einen wichtigen Teil des Lernprozesses darstellen).

	ELLE	LUI	DONNE		UNE		POMME	?
	ELLE	LUI	DONNE		UNE		POMME	**ROUGE**
	ELLE	LUI	DONNE		UNE	?	POMME	ROUGE
	ELLE	LUI	DONNE		UNE	**BELLE**	POMME	ROUGE
	ELLE	LUI	DONNE	?	UNE	BELLE	POMME	ROUGE
	ELLE	LUI	DONNE	**TOUJOURS**	UNE	BELLE	POMME	ROUGE
?	ELLE	LUI	DONNE	TOUJOURS	UNE	BELLE	POMME	ROUGE
OUI,	ELLE	LUI	DONNE	TOUJOURS	UNE	BELLE	POMME	ROUGE

VARIANTE:

Bei einer weiter fortgeschrittenen Gruppe können Sie die Lerner bitten, ein oder zwei aufeinanderfolgende Wörter an der jeweils angegebenen Stelle einzufügen. Sie können auch ein oder zwei aufeinanderfolgende Wörter löschen und nur neue Wortfolgen von mindestens drei Wörtern zulassen. Wenn der Satz so stark verändert wird, ändert sich natürlich auch sein Sinn grundlegend.

Idee: Lou Spaventa

17 Verkürzen und Erweitern

GRAMMATIK:	Konditional
NIVEAU:	★ ★ ★
DAUER:	10–20 Min.
MATERIAL:	Keines

VERLAUF:

1. Bitten Sie einen Lerner, eine Japanerin im Kimono an die Tafel zu zeichnen, die am Ufer eines Flusses steht und einen nachdenklichen Gesichtsausdruck hat.

2. Schreiben Sie in eine Sprechblase, die aus ihrem Mund kommt, folgenden Satz:

> Qui sait ce qu'il fera
> s'il ne me voit pas passer ce soir
> au bord de cette rivière.

3. Ziel der Übung ist es, den Satz vollständig zu verändern. Dazu dürfen die Lerner ein bis drei aufeinanderfolgende Wörter streichen, müssen sie aber jeweils durch drei aufeinanderfolgende Wörter ersetzen.

Wenn die Lerner einen Vorschlag machen, löschen und ergänzen Sie die Wörter. Bitten Sie jeweils eine Person, den neu entstandenen Satz laut vorzulesen, um den Sinn zu überprüfen. Sie selber dürfen kein Wort sagen. Wenn die Lerner sich über einen Satz nicht einigen können oder wenn die Ergänzung falsch ist, genügt es, wenn Sie die drei neuen Wörter auswischen und die ursprünglichen wieder hinschreiben. Vermeiden Sie es, durch Gesten oder andere Ausdrucksmittel zu erkennen zu geben, wenn jemand einen Fehler macht – auch wenn man nichts sagt, ist es nicht so leicht, unbeteiligt zu wirken.

Eine Gruppe auf mittlerem Lernniveau hat den obigen Satz in folgenden Schritten verändert. Die fehlerhaften Vorschläge sind hier nicht mit aufgeführt.

Personne ne sait ce qu'il fera s'il ne me voit pas passer ce soir au bord de cette rivière.

Personne ne sait ce qu'il fera s'il ne me voit pas passer ce soir **sur la berge** de cette rivière.

Personne ne sait ce qu'il fera s'il ne me voit pas passer ce soir sur la berge de cette **mer de larmes.**

Personne ne sait ce qu'il fera s'il ne me voit pas passer **un beau jour** sur la berge de cette mer de larmes.

Personne ne sait ce qu'il fera s'il ne me voit pas **dormir très paisiblement** un beau jour sur la berge de cette mer de larmes.

Personne ne sait ce que **mon vieux grand-père** fera s'il ne me voit pas dormir très paisiblement un beau jour sur la berge de cette mer de larmes.

Personne ne sait ce que mon vieux grand-père fera si **mon cher amour** ne me voit pas dormir très paisiblement un beau jour sur la berge de cette mer de larmes.

Personne ne sait ce que mon vieux grand-père **pensera de nous** si mon cher amour ne me voit pas dormir très paisiblement un beau jour sur la berge de cette mer de larmes.

Personne ne sait ce que mon vieux grand-père pensera de nous **au cas où** mon cher amour ne me voit pas dormir très paisiblement un beau jour sur la berge de cette mer de larmes.

Personne ne sait ce que mon vieux grand-père pensera de nous au cas où mon cher amour ne **les laisserait point** dormir très paisiblement un beau jour sur la berge de cette mer de larmes.

Personne ne sait **en quels termes** mon vieux grand-père pensera de nous au cas où mon cher amour ne les laisserait point dormir très paisiblement un beau jour sur la berge de cette mer de larmes.

18 Satzcollage

GRAMMATIK:	Verschiedene Strukturen
NIVEAU:	★ ★ ★
DAUER:	5–15 Min.
MATERIAL:	Papierstreifen und doppelseitiges Klebeband

VORBEREITUNG:

Formulieren Sie einen Satz, der die Struktur, die Sie üben wollen, enthält, z. B.:

> *Je regrette, Maman, mais si tu me laisses couper les cheveux comme moi, je le veux, je les ferai couper chez Dorothée, ta coiffeuse.*

Schreiben Sie jedes Wort in Großbuchstaben auf ein einzelnes Stück Papier und befestigen Sie auf der Rückseite ein Stück Klebeband. Sie benötigen pro Fünfer- oder Sechsergruppe ein komplettes Set Wortkarten, aus denen sich der Satz zusammensetzen läßt.

VERLAUF:

1. Bitten Sie einen zeichnerisch begabten Lerner, ein dreizehnjähriges Mädchen, das mit seiner Mutter spricht, an die Tafel zu zeichnen.

2. Bilden Sie Fünfer- oder Sechsergruppen und bitten Sie eine Gruppe, an die Tafel zu kommen; die anderen suchen sich einen Platz im Unterrichtsraum. Geben Sie jeder Gruppe ein Set mit den durcheinandergemischten Wortkarten – zwei bis vier pro Lerner – und fordern Sie sie auf, damit

einen grammatikalisch richtigen Satz zu bilden, der alle Wörter enthält.

3. Greifen Sie nicht ein und helfen Sie den Gruppen nicht; die Lerner sollen unter sich ausmachen, in welche Reihenfolge sie die Wörter bringen wollen. Es ist möglich, daß sich das Ergebnis von Ihrem ursprünglichen Satz unterscheidet. Das ist völlig in Ordnung.

Der Beispielsatz könnte folgendermaßen zusammengesetzt werden:

> *Je regrette, Maman, mais si tu me laisses couper les cheveux, je les ferai couper chez Dorothée, ta coiffeuse, comme moi, je le veux.*

oder

> *Je regrette, Dorothée, si tu me laisses couper les cheveux, moi, je veux les couper comme Maman, mais je le ferai chez ta coiffeuse.*

Das Zusammensetzen von Satzcollagen ist eine gute Möglichkeit, neue Strukturen einzuführen. Das Bemühen um die richtige Wortfolge bündelt die Aufmerksamkeit der Lerner sehr stark.

VARIANTE:

Wenn die Lerner einmal an diese Art von Übung gewöhnt sind, können Sie auch Sätze verwenden, in denen einige Wörter fehlen, z. B. drei Wörter innerhalb eines Satzes von insgesamt 20. Für die fehlenden Wörter geben Sie dann leere Wortkarten aus, und die Lerner legen fest, welche Wörter auf diese Karten gehören.

19 Schlußwort

GRAMMATIK:	Syntax
NIVEAU:	★ ★ ★
DAUER:	30–40 Min.
MATERIAL:	Keines

VERLAUF:

1. Bilden Sie Gruppen von drei bis vier Lernern unterschiedlicher Leistungsstärke. Erläutern Sie, daß es darum geht, im Wettlauf mit der Zeit Sätze zu schreiben, von denen jeder mit einem Wort, das Sie den Lernern vorgeben, enden muß.

Bei einer Gruppe auf mittlerem Lernniveau können Sie z. B. folgenden Satz verwenden:

> *Je suis arrivé juste à temps pour prendre le train.*

Bitten Sie die Lerner, nun 10 (= Anzahl der Wörter im Beispielsatz) Sätze aufzuschreiben: jeder muß mit einem anderen Wort des vorgegebenen Satzes enden, z. B.:

> *Qui suis-je ?*

Stoppen Sie die Zeit, und sagen Sie den Lernern, wann 3, 6 und 9 Minuten vergangen sind. Das gibt ihnen einen „Adrenalinstoß".

Sieger ist die Gruppe, die innerhalb von zehn Minuten die meisten korrekten Sätze gebildet hat.

Geben Sie in der Phase des Schreibens keinerlei Hilfestellung, außer daß Sie korrekte Sätze abhaken. Wenn Sie einer Gruppe irgendeine weitere Unterstützung geben, müssen Sie es bei den anderen auch tun.

2. Wenn die Zeit um ist, bitten Sie die Lerner, all die Sätze vorzulesen, die Sie noch nicht abhaken konnten. Sagen Sie dann einfach JUSTE oder FAUX. Nur wenigen Gruppen gelingt es, innerhalb der vorgegebenen Zeit die komplette Anzahl von möglichen Sätzen zu bilden.

3. Die Gruppen zählen ihre Punkte und ermitteln das Sieger-Team.

4. Bitten Sie jede Gruppe, einen ihrer fehlerhaften Sätze an die Tafel zu schreiben. So haben die Lerner die Möglichkeit, ihre Fehler gegenseitig zu korrigieren.

5. Fordern Sie die Klasse auf, gemeinsam die „Schlußwörter" zu bearbeiten, zu denen die Gruppen keine Sätze finden konnten. (z. B. **le**: *dans ce cas, il faut employer l'article masculin* **le**.)

6. Beenden Sie die Stunde, indem Sie die Gruppen bitten, einen ihrer Sätze, der ihnen wirklich gut gefällt, an die Tafel zu schreiben.

20 Deine Wörter – meine Grammatik

GRAMMATIK:	Fragewörter, Partizip Perfekt
NIVEAU:	★ bis ★ ★
DAUER:	15–20 Min.
MATERIAL:	Keines

VERLAUF:

1. Schreiben Sie einen französischen Satz an die Tafel, z. B.

> Pourquoi **avez-vous** écrit cette lettre ?

Fordern Sie die Lerner auf, Sätze zu bilden, die dieselbe Struktur aufweisen wie der Beispielsatz, in denen sich aber alle Wörter außer **avez-vous** von denen des Beispielsatzes unterscheiden.

Um die Struktur dieses Satzes beizubehalten, ist folgende Abfolge erforderlich: Das erste Wort ist ein Fragepronomen, das zweite und das dritte bleiben unverändert, das vierte ist ein Partizip Perfekt, das fünfte ein Demonstrativbegleiter etc. Auf der Grundlage des oben genannten Beispiels haben einige Lerner folgende Sätze formuliert:

> Comment avez-vous appris cette nouvelle ?
> Quand avez-vous reçu ce paquet ?
> Où avez-vous trouvé cet article ?

2. Bitten Sie die Lerner, ihre Sätze an die Tafel zu schreiben, und fordern Sie die Gruppe auf, zu entscheiden, welche Sätze richtig und welche falsch sind, wobei Sie genügend Zeit für Korrekturen einräumen.

Hinweis: Wenn Sie diese Übung zum ersten Mal durchführen, sind die Lerner möglicherweise etwas irritiert, da sie nicht genau verstehen, was von ihnen erwartet wird. Daher ist es wichtig, beim ersten Mal einen kurzen und einfachen Satz zu verwenden.

Idee: Lou Spaventa

51

21 Meine Sätze – dein Text

GRAMMATIK:	Konjunktionen
NIVEAU:	★ ★ ★
DAUER:	20–30 Min.
MATERIAL:	Keines

VERLAUF:

1. Bitten Sie die Lerner, Ihnen alle Konjunktionen und Präpositionen zu nennen, die sie kennen. Sie können zu Beginn auch selber welche vorschlagen, z. B. *et, mais, cependant, par contre* etc. Erstellen Sie eine Liste an der Tafel. Sicher wird es nötig sein, einige zu erklären oder zu übersetzen.

2. Schreiben Sie fünf allgemeine Aussagen zu einem gemeinsamen Thema an die Tafel, z. B.:

> Les jeunes ont du mal à comprendre les personnes âgées.

> Quand on vieillit, on veut habiter près de sa famille.

> Moi, je n'aime pas penser à la vieillesse.

> Certains jeunes se sentent responsables des personnes âgées.

> Les personnes âgées veulent souvent rester indépendantes.

Bitten Sie die Lerner, diese Sätze in Einzelarbeit in eine sinnvolle Reihenfolge zu bringen, indem sie sie zu Abschnitten von zwei oder drei Sätzen zusammenfügen. Sie dürfen Konjunktionen oder auch ganze Sätze hinzufügen, um einen Abschnitt auszuformulieren. Beobachten Sie die Lerner bei ihrer Arbeit und helfen Sie dort, wo Probleme mit den Konjunktionen auftreten.

3. Fordern Sie die Lerner auf, die Blätter mit ihren Texten an die Wand zu heften und diejenigen der anderen zu lesen.

Idee: Lou Spaventa

22 Vom Satz zum Gedicht

GRAMMATIK:	Wiederholung von vor kurzem eingeführten Strukturen: *Imparfait* und *Passé composé*
NIVEAU:	★ ★ ★
DAUER:	30 Min.
MATERIAL:	Sechs Sätze

VORBEREITUNG:

Wählen Sie sechs Sätze aus dem von Ihnen verwendeten Lehrbuch, in denen die Strukturen, die Sie wiederholen möchten, enthalten sind. Versuchen Sie, möglichst offene und anregende Sätze zu finden. Hier einige Beispiele für den Gebrauch des *Passé composé* und *Imparfait:*

> J'ai fait des études de lettres.
> J'étais quand même plus libre avant.
> Mme Michelet est rentrée de l'hôpital.
> Elle aimait inviter ses amies de temps en temps.
> On l'a mis en retraite anticipée l'année dernière.
> Je me levais quand je voulais.*

VERLAUF:

1. Diktieren Sie die Sätze, die Sie ausgesucht haben, oder schreiben Sie sie an die Tafel.

2. Bitten Sie die Lerner, ein Gedicht, einen Brief, eine Geschichte oder einen Dialog zu schreiben, in dem mindestens drei der obigen Sätze enthalten sind. Sie können auch Teil eines längeren Satzes sein, dürfen aber in sich nicht verändert werden. Die Lerner können allein oder zu zweit arbeiten.

3. Fordern Sie die Lerner auf, ihre Sätze an der Wand des Unterrichtsraums zu befestigen und diejenigen der anderen Kursteilnehmer zu lesen.

Idee: Oulipo, *La littérature potentielle* (Gallimard 1973); John Morgan

---

* Die Beispielsätze sind dem Lehrwerk *A bientôt 2 Neu*, Leçon 1 und 2 (Klett 1989) entnommen.

23 Grammatisches „Do it yourself"

GRAMMATIK:	Syntax
NIVEAU:	★ bis ★ ★
DAUER:	10 Min.
MATERIAL:	Ein Text

VORBEREITUNG:

Wählen Sie einen französischen Text aus, der dem Lernniveau Ihrer Gruppe entspricht. Es kann sich um einen Text aus dem Lehrbuch, das Sie im Unterricht verwenden, handeln.

VERLAUF:

1. Fordern Sie die Lerner auf, einen beliebigen Satz aus dem Text auszuwählen, diesen aber nicht bekanntzugeben; bitten Sie sie nun, ein Blatt Papier in so viele Teile zu zerreißen, wie der Satz Wörter enthält; danach sollen sie jeden Papierstreifen mit einem Wort ihres Satzes (einschließlich eines Streifens für jedes Satzzeichen) beschriften.

2. Wenn alle ihre Papierstreifen beschriftet haben, werden diese gemischt, und jeder legt seine ungeordneten Satzteile auf seinen Stuhl. Nun stehen alle auf und gehen im Unterrichtsraum umher, um die auf jedem Stuhl liegenden Wörterzettel so zu ordnen, daß sich der ursprüngliche Satz daraus ergibt. Ist einem Lerner das gelungen, mischt er die Papierstreifen wieder neu, bevor er zum nächsten Stuhl weitergeht. Beenden Sie das Spiel, nachdem es die Lerner geschafft haben, einige Sätze zu rekonstruieren.

Hinweis: Diese Übung läßt sich mit jedem beliebigen Text durchführen und eignet sich besonders gut, um die Arbeit mit Lehrbuchtexten zu beleben. Rücken Sie wenn möglich die Tische beiseite, um das Umhergehen im Unterrichtsraum zu erleichtern.

Idee: Jonathan Marks

24 Durcheinandergewürfelte Sätze

GRAMMATIK:	Wortstellung
NIVEAU:	★ bis ★ ★ ★ ★
DAUER:	30–40 Min.
MATERIAL:	Ein Text

VERLAUF:

1. Bilden Sie Zweiergruppen.

2. Diktieren Sie den ersten durcheinandergewürfelten Satz; einer der beiden Partner hat die Aufgabe, ihn auf ein einzelnes Blatt Papier zu schreiben.

3. Bitten Sie die Paare, die Wörter nun so anzuordnen, daß sie einen sinnvollen Satz ergeben, wobei sie alle Wörter verwenden und die Interpunktion ergänzen müssen. Diesen Satz schreiben sie ebenfalls auf.

4. Nun geben die Partner ihr Blatt nach rechts weiter. Jede Gruppe erhält also den Satz der Nachbarn, den sie auf seine grammatikalische und orthographische Richtigkeit hin überprüft und, wo nötig, korrigiert.

5. Diktieren Sie den nächsten durcheinandergewürfelten Satz.

6. Wiederholen Sie die Schritte 3 und 4.

7. Verteilen Sie den Originaltext (Kopiervorlage 21), und bitten Sie die Lerner, ihn mit ihrer Version zu vergleichen. Möglicherweise haben sie ausgezeichnete andere Sätze gebildet, die ebenso korrekt sind.

VARIANTE:

Diese Übung eignet sich besonders gut, um die Präsentation eines Lehrbuchtextes interessanter zu gestalten.

Idee: Olina Breka

Niveau ★: Beispiel aus *Pont NeuF 1*, Leçon 3 (Klett 1996):

1. tous bonjour à
2. Montréal voilà enfin à nous
3. va tout bien
4. ville passionnante la les et charmants est sont Québécois
5. baisers mille

Niveau ★★: Beispiel aus *A bientôt 2 Neu*, Leçon 3 (Klett 1989):

1. parler vous loisirs vos pourriez peu un de
2. beaucoup que choses il a y de faire j' mais aimerais je quand je rentre trop suis crevé
3. ai je pas temps n' le d' théâtre au ou au aller concert
4. juste fais peu je de tennis un dimanche le
5. temps avais si le j' piano je jouer à recommencerais du

Niveau ★★★: Beispiel aus *A bientôt 2 Neu*, Leçon 7 (Klett 1989):

1. que ça est-ce qu' pour signifie la vous famille
2. est famille groupe la de un vivant personnes le toit sous même mutuellement rendant se service
3. la la la tellement famille oh choses de il à a y dire préfère parler je ne en pas
4. clan fait où un bon il retrouver se
5. donne famille me la de la force persévérer refuge sert de me

Niveau ★

Bonjour à tous !
Nous voilà enfin à Montréal. Tout
va bien. La ville est passionnante
et les Québécois sont
charmants [...]. Mille baisers.

Beispiel aus PONT NEUF 1, Leçon 3 (Klett 1996)

Niveau ★★

Vous pourriez parler un peu de vos loisirs ?
"Il y a beaucoup de choses que j'aimerais
faire, mais quand je rentre je suis trop
crevé. Je n'ai pas le temps d'aller au
théâtre ou au concert. Je fais juste un peu
de tennis le dimanche. Si j'avais le temps,
je recommencerais à jouer du piano."

Beispiel aus *A bientôt 2 Neu*,
Leçon 3 (Klett 1989)

Niveau ★★★

Qu'est-ce que ça signifie pour vous
la famille ?
"La famille est un groupe de personnes
vivant sous le même toit, se rendant
mutuellement service."
"Oh la la, la famille, il y a tellement de
choses à dire, je préfère ne pas en parler."
"...Un clan où il fait bon se retrouver."
"La famille me donne la force de persévérer, me sert de refuge."

Beispiel aus *A bientôt 2 Neu*, Leçon 7 (Klett 1989)

25 Vom Wort zur Geschichte

GRAMMATIK:	*Subjonctif, Passé composé, Imparfait, Plus-que-parfait*
NIVEAU:	★ ★ ★ bis ★ ★ ★ ★
DAUER:	20–30 Min.
MATERIAL:	Ein komplettes Set Wortkarten für jeweils 10 Lerner
	Eine Stecknadel pro Lerner
	Sechs Briefumschläge für jeweils 10 Lerner

VORBEREITUNG:

Schreiben Sie mit dickem Filzstift die Wörter der folgenden Geschichte auf einzelne Karten. Die Karten werden mit einer Stecknadel an der Kleidung der Lerner befestigt. Wenn Sie eine Gruppe von 20 Lernern haben, benötigen Sie zwei komplette Sets der beschrifteten Karten.

Sortieren Sie die Karten den einzelnen Sätzen der Geschichte entsprechend, und stecken Sie die Bestandteile eines Satzes jeweils in einen separaten Briefumschlag.

Hier ist die Geschichte:

> 1. *Une femme voulait désespérément avoir un enfant, mais elle ne pouvait pas.*
> 2. *Elle était allée voir tous les médecins spécialistes, sans résultat.*
> 3. *Un jour, elle est allée chez un hypnotiseur qui lui a dit : "Je veux que vous vous relaxiez."*
> 4. *"Je veux que vous arrêtiez de penser. Je veux que vous vous endormiez."*
> 5. *"Je veux que vous deveniez une poule et que vous pondiez un œuf."*
> 6. *Elle a pondu un œuf ! Et plus tard elle a eu un beau bébé.*

VERLAUF:

1. Bilden Sie Gruppen von zehn Personen, die jeweils im Kreis stehen. Geben Sie jedem Lerner des Kreises eine Stecknadel und eine Karte mit einem Wort aus dem Umschlag mit dem ersten Satz. Bitten Sie die Lerner, sich die Karten anzustecken.

2. Fordern Sie die Lerner nun auf, sich so im Kreis aufzustellen, daß die Reihenfolge ihrer Wörter einen sinnvollen Satz ergibt.

3. Wenn die Lerner einer Gruppe den richtigen Satz gebildet haben, bitten Sie sie, die Wortkarten abzunehmen und in der richtigen Abfolge auf einen Tisch in ihrer Nähe oder auf den Fußboden zu legen. Geben Sie ihnen dann den Umschlag mit dem zweiten Satz. Verfahren Sie in der gleichen Weise bis zum letzten Satz.

Hinweis: Möglicherweise haben Sie keine Gruppe von genau 10 oder 20 Personen.

In diesem Fall können Sie, wenn Sie die Wortkarten beschriften, die Zahl der Wörter pro Karte abändern und so die Sätze Ihrer Anzahl von Lernern anpassen.

Eine andere Möglichkeit besteht darin, falls Sie z. B. 18 Personen in Ihrem Kurs haben, diese in zwei Neunergruppe zu teilen und die zehnte Karte jeweils auf den Fußboden zu legen, so daß alle sie sehen können.

Dieses Spiel kann mit jeder beliebigen Geschichte durchgeführt werden, die eine spezielle grammatische Struktur mehrfach enthält; es ist auch besonders geeignet, um eine neue Struktur erstmals zu präsentieren.

Idee: Adult Migrant Education Service of Bankstown, Sydney

26 Gedankenlesen

GRAMMATIK: Verschiedene Strukturen
NIVEAU: ★ bis ★ ★
DAUER: 20–30 Min.
MATERIAL: Keines

VERLAUF:

1. Bitten Sie die Lerner, einen Teil eines Gegenstands zu zeichnen und dieses „Fragment" dann mit dem Nachbarn auszutauschen. Daraufhin vervollständigt jeder Lerner die Zeichnung seines Nachbarn – ohne mit diesem zu sprechen – nach seinen eigenen Vorstellungen.

Wenn die Zeichnung so ergänzt wird, daß die Grundidee des „Künstlers" sichtbar wird, bekommt der „Ghost-Zeichner" einen Punkt.

2. Geben Sie nun der Klasse ein Thema, z. B.
Les oiseaux
La circulation
La montagne.

Bitten Sie nun die Lerner, fünf bis acht Sätze zu einem der drei Themen zu formulieren, sie auf einen Zettel zu schreiben, dann die letzten zwei oder drei Wörter abzureißen und den Satzanfang dem Nachbarn zur Ergänzung weiterzureichen. Der „Ghostwriter" bekommt jeweils einen Punkt, wenn er den Satzinhalt im Sinne des „Schriftstellers" ergänzt, und zwei Punkte, wenn er in seinem Satzfragment einen Fehler entdeckt.

In dieser Übungsphase wird es Ihre Aufgabe sein, zwischen den Lernern herumzuspringen und Sätze zu beurteilen.

3. Fordern Sie zum gegebenen Zeitpunkt zu einem Partnerwechsel auf, aber dehnen Sie die Übung nicht zu lange aus, damit sich keine Ermüdungserscheinungen einstellen.

Hinweis: Bei dieser Übung arbeiten die Lerner auf drei Ebenen: auf der pragmatischen, der semantischen und der syntaktischen. Von ihnen wird auch die mentale Strukturierung – dies meist unbewußt – vorgenommen. Der Lehrer ist nur ein Resonanzkörper und tritt nur auf Anfrage in Funktion. Wir haben hier ein typisches Beispiel für den *Silent Way.*

Idee: Bruno Rinvolucri

27 Gedicht-Rekonstruktion

GRAMMATIK:	Substantive, Pronomen, Verben etc.
NIVEAU:	★ ★ ★
DAUER:	20 Min.
MATERIAL:	Eine Kopie des Gedichts pro Lerner
	Eine Kopie „Verben im Gedicht" für je zwei Lerner
	Eine Kopie „Substantive und Pronomen im Gedicht" für je zwei Lerner
	Eine Kopie „Sonstige Wörter im Gedicht" für je zwei Lerner

VERLAUF:

1. Kündigen Sie an, daß Sie nun ein kurzes Gedicht (z. B. Prévert, *Quartier libre*, Kopiervorlage 22) vorlesen werden. Die Lerner sollen alle Schlüsselwörter notieren, die ihnen beim Zuhören auffallen. Nachdem Sie das Gedicht vorgelesen haben, ist es Aufgabe der Lerner, es so vollständig wie möglich zu rekonstruieren. Kündigen Sie schon vorab an, daß Sie das Gedicht nur einmal vorlesen.

2. Verteilen Sie eine Kopie der Blätter mit – je nach Wahl – allen Verben, allen Substantiven und Pronomen oder allen sonstigen Wörtern aus dem Gedicht (Kopiervorlagen 23–25), und bilden Sie jeweils eine Gruppe aus denjenigen Lernern, die sich für die gleiche Wortart entschieden haben.

3. Wenn Sie diese Übung zum ersten Mal durchführen, gehen Sie über die Regel, das Gedicht nur

einmal vorzulesen, hinweg, denn wahrscheinlich ist den Lernern die Schwierigkeit der Aufgabe nicht bewußt. Lesen Sie das Gedicht deshalb in dem Fall ein zweites Mal vor, während die Lerner es auf ihrem Blatt (Verben, Substantive etc.) verfolgen können.

4. Geben Sie den Lernern etwas Zeit, um die von ihnen notierten Schlüsselwörter und die auf dem Blatt stehenden Wörter zusammenzufügen. Dabei fallen ihnen sicherlich viele weitere Begriffe ein.

5. Anschließend arbeiten die Lerner der drei verschiedenen Gruppen paarweise oder in Dreiergruppen zusammen. Mit Hilfe der Informationen des Partners bzw. der Partner können sie ihren Text noch weiter vervollständigen.

6. Bitten Sie einen Lerner, die vollständige Version des rekonstruierten Gedichts mit Unterstützung der ganzen Gruppe an die Tafel zu schreiben.

7. Verteilen Sie eine Kopie des vollständigen Gedichts an alle Lerner.

Hinweis: Diese Übung kann mit jedem Gedichtauszug durchgeführt werden. Für die Grammatikarbeit ist es vorteilhaft, wenn das Gedicht die gewünschte Struktur enthält. Gedichte eignen sich häufig besonders gut für dieses Verfahren, weil die enthaltenen Strukturen das ganze Gewicht der Bedeutung tragen.

Idee: Jane Lockwood

Quartier libre

J'ai mis mon képi dans la cage

et je suis sorti avec l'oiseau sur la tête

Alors

on ne salue plus

a demandé le commandant

Non

on ne salue plus

a répondu l'oiseau

Ah bon

excusez-moi, je croyais qu'on saluait

a dit le commandant

Vous êtes tout excusé, tout le monde peut se tromper

a dit l'oiseau

Aus: Jacques Prévert, *Paroles* (Gallimard)

Quartier libre

ai mis
_____

suis sorti
_____

_____

salue
_____

a demandé
_____

_____

salue
_____

a répondu
_____

_____

excusez   ,   croyais   saluait
_____

a dit
_____

êtes   ,   peut   tromper
_____

a dit
_____

Aus: Jacques PRÉVERT, *Paroles* (Gallimard)

Quartier libre

J'   képi   cage
_____

   je   oiseau   tête
_____

_____

on
_____

           commandant
_____

_____

on
_____

           oiseau
_____

_____

       -moi, je   on
_____

   commandant
_____

Vous   monde   se
_____

   oiseau
_____

Aus: Jacques PRÉVERT, *Paroles* (Gallimard)

Quartier libre

_____ mon _____ dans la _____

et _____ avec l' _____ sur la _____

Alors _____

ne _____ plus _____

_____ le _____

Non _____

ne _____ plus _____

_____ l' _____

Ah bon _____

_____ qu' _____

le _____

_____ tout excusé, tout le _____

_____ l' _____

Aus: Jacques PRÉVERT, _Paroles_ (Gallimard)

28 Mit dem Rücken zur Klasse

GRAMMATIK:	Fragewörter, Präsens, *Passé composé, Imparfait, Plus-que-parfait*
NIVEAU:	★ ★
DAUER:	20 Min.
MATERIAL:	Keines

VERLAUF:

1. Schreiben Sie drei Wörter an die Tafel, z. B. *explosion, directeur, toit.* Erklären Sie den Lernern, daß dies drei Schlüsselwörter aus einer Geschichte sind, die Sie im Kopf haben. Die Lerner müssen nun versuchen, den Inhalt der Geschichte herauszufinden, indem sie Ihnen Fragen stellen, die nur mit JA oder NEIN zu beantworten sind. Da die Übung völlig stumm abläuft, sind die Lerner genötigt, ihre Fragen an die Tafel zu schreiben.

2. Kehren Sie der Klasse den Rücken und schauen Sie auf die Tafel. Erklären Sie vorab, daß Sie, sobald ein Lerner eine Frage an die Tafel geschrieben hat, mit dem Daumen nach oben zeigen werden, wenn sie grammatikalisch richtig ist, und daß Sie mit dem Daumen nach unten zeigen, wenn sie falsch ist. Ist eine Frage falsch formuliert, müssen der Lerner und der Rest der Gruppe versuchen, sie zu korrigieren.

Sobald die Frage korrekt an der Tafel steht, antworten Sie durch Kopfnicken mit JA oder durch Kopfschütteln mit NEIN.

3. Während die Lerner Ihnen die Fragen stellen, indem sie sie stumm an die Tafel schreiben, können Sie, wenn nötig, ein weiteres Schlüsselwort angeben.

L'histoire

Mon frère m'a raconté qu'un jour, un de ses amis, le directeur d'un centre sportif, s'est aperçu, en se réveillant un matin, qu'il avait beaucoup neigé pendant la nuit. Il est sorti pour voir combien de neige était tombée, et il s'est rendu compte qu'il y avait tellement de neige que le toit du gymnase menaçait de s'effondrer. Il a pris une pelle et il est monté sur le toit pour enlever la neige. Mais tandis qu'il travaillait, son propre poids a provoqué l'effondrement du toit. C'est alors que, dans le gymnase, la pression de l'air a été telle qu'il y a eu une terrible explosion !

Am Ende können Sie die Geschichte eventuell erzählen oder vorlesen, um die Neugier der Lerner zu stillen, die vielleicht wissen wollen, was nun wirklich passiert ist.

Hinweis: Wenn Sie die Übung zum ersten Mal durchführen, sind die Lerner möglicherweise etwas schockiert darüber, daß sie nur mit Ihrem Rücken kommunizieren müssen. Sie werden sich aber schnell daran gewöhnen, denn dadurch, daß Sie den Lernern den Rücken zukehren, verhalten Sie sich automatisch viel neutraler. Ihr Eingreifen in den Lernprozeß ist somit auf ein Minimum reduziert.

Bei dieser Übung konzentrieren sich die Lerner intensiv auf die Grammatik, und das ursprüngliche Interesse am Inhalt der Geschichte weicht dem Bemühen, korrekte Fragen zu formulieren.

Idee: Diese Übung ist eine fruchtbare Mischung der *Silent-Way*-Methode von Gattegno und der Idee von Puzzle-Geschichten.

29 Korrektur von Hausaufgaben

GRAMMATIK:	Fehler in den Hausaufgaben (verschiedene Strukturen)
NIVEAU:	★★ bis ★★★
DAUER:	30–40 Min.
MATERIAL:	Ein Arbeitsblatt „Team A" für je 2–3 Lerner
	Ein Arbeitsblatt „Team B" für je 2–3 Lerner
	Ein großes leeres Plakat pro Gruppe von 6–8 Lernern

VORBEREITUNG:

Verzichten Sie darauf, die Hausaufgaben zu korrigieren.

Wählen Sie stattdessen aus den Hausaufgaben 12 Sätze aus, die für Ihre Gruppe typische Fehler enthalten. Schreiben Sie die Hälfte der Sätze auf das Arbeitsblatt „Team A", die andere Hälfte auf das Arbeitsblatt „Team B".

Schreiben Sie dann die korrekte Version der auf Blatt A stehenden fehlerhaften Sätze auf Blatt B und umgekehrt. Auf jedem Blatt müssen die richtigen und falschen Sätze in der Reihenfolge gemischt sein.

Die Kopiervorlage 26 enthält Beispiele, die etwa dem Niveau ★★ entsprechen.

VERLAUF:

1. Geben Sie die Hausaufgaben noch nicht zurück. Lassen Sie Sechser- oder Achtergruppen bilden, und teilen Sie jede Gruppe in Team A und Team B. Die beiden Teams arbeiten getrennt voneinander. Verteilen Sie die Arbeitsblätter und bitten Sie die Lerner eines jeden Teams zu entscheiden, welche Sätze auf ihrem Blatt korrekt und welche falsch sind.

2. Gehen Sie während dieser Phase der Übung umher und verfolgen Sie die Diskussion der Lerner. Wenn Sie etwas gefragt werden, verweigern Sie jede Hilfe, denn anderfalls funktioniert die Übung nicht mehr.

3. Wenn die Mehrzahl der Gruppen alle Sätze besprochen hat, geben Sie jeder aus Team A und Team B bestehenden Gruppe ein großes Plakat mit der Bitte, es an die Wand zu heften. Einer aus der Gruppe übernimmt die Aufgabe des Sekretärs und beschriftet das Plakat.

Bitten Sie nun alle A-Teams, den ersten Satz zu lesen. Die B-Teams sehen sich den entsprechenden Satz auf ihrem Blatt an. In Zusammenarbeit entscheiden beide Gruppen, welcher der beiden Sätze der richtige ist; der Sekretär schreibt ihn dann auf das an der Wand befestigte Plakat.

4. Bitten Sie anschließend die Sekretäre, alle Sätze vorzulesen, die ihre Gruppe für richtig befunden hat. Lassen Sie etwas Zeit zur Diskussion, bevor Sie eingreifen und das Ergebnis bewerten. Erst in dieser Phase der Übung dürfen Sie Ihre Rolle als Kursleiter tatsächlich wahrnehmen.

5. Geben Sie nun die Hausaufgaben zurück, und bitten Sie die Lerner, sich diese gegenseitig zu korrigieren. Sicher gibt es noch eine Reihe von weiteren Fehlern außer denen, die Sie in die Sätze auf den Arbeitsblättern eingebaut haben. Es kann sein, daß nicht alle Fehler korrigiert werden, aber stören Sie sich nicht daran – es ist nicht möglich, alles zur gleichen Zeit wirklich effizient zu korrigieren.

Hinweis: Sie werden feststellen, daß die Lerner sich nicht darauf beschränken, die von Ihnen ausgewählten wirklich offensichtlichen grammatischen Probleme innerhalb der Sätze zu behandeln. Oft entstehen Zweifel in bezug auf ganz andere Grammatikphänomene, an die Sie bei der Auswahl der Sätze überhaupt nicht gedacht haben.

Demain matin, je dois aller à la banque.

Pourquoi tu ne viens pas me voir ? Je te faisais connaître ma famille.

Inquiétez-vous pas, madame.

Je l'ai vu hier mais je ne l'ai pas dit.

Tu as été en Corse ? Je n'y étais jamais.

Si tu avais attendu cinq minutes de plus, je t'aurais vu.

Je travaille à la poste depuis 7 ans.

Samedi après-midi, j'ai fait une promenade avec des amis de moi.

Je leur ai répondu que je viendrais.

Nous devrions téléphoner à Sophie pour lui dire que nous serons en retard.

Je n'aime pas marcher sur la plage. Il y a trop beaucoup de monde.

Il l'écrit une lettre tous les jours depuis trois ans.

Korrektur von Hausaufgaben – Arbeitsblatt „Team B"
(eine Kopie für je zwei bis drei Lerner)

Tu as été en Corse ? Je n'y suis jamais allé.

Samedi après-midi, j'ai fait une promenade avec mes amis.

Demain matin, je dois aller dans la banque.

Ne vous inquiétez pas, madame.

Je l'ai vu hier mais je ne le disais pas.

Pourquoi tu ne viens pas me voir ? Je te ferais connaître ma famille.

Je n'aime pas marcher sur la plage. Il y a trop de monde.

Si tu aurais attendu cinq minutes de plus, je t'aurais vu.

J'ai travaillé à la poste depuis 7 ans.

Il lui écrit une lettre tous les jours depuis trois ans.

Nous devrions téléphoner à Sophie pour lui dire que nous étions en retard.

Je les ai répondu que je viendrais.

30 Fehler bewerten

GRAMMATIK:	Fehler in der geschriebenen Sprache
NIVEAU:	★ ★
DAUER:	30–40 Min.
MATERIAL:	Eine Seite mit Fehlern aus einer schriftlichen Arbeit der Lerner

VERLAUF:

1. Schreiben Sie etwa sechs deutsche Sätze an die Tafel, in denen Fehler enthalten sind. Bitten Sie die Lerner, in Zweiergruppen zu arbeiten und den Schweregrad der Fehler mit einer Punktezahl von 0 bis 5 zu bewerten.

Fordern Sie die Lerner auf, zu jedem Satz eine Beurteilung abzugeben. Achten Sie darauf, daß die Lerner ihr eigenes Urteil entwickeln und nicht Sie es sind, der/die ihnen Ihre Bewertung aufdrängt. Verzichten Sie auf jeglichen eigenen Kommentar, auch wenn die Lerner Sie darum bitten.

2. Verteilen Sie nun an jeweils zwei Lerner das Blatt mit den Fehlern aus der schriftlichen Arbeit. Bitten Sie die Lerner, auch diesmal die Fehler je nach Schweregrad mit einer Punktezahl von 0 bis 5 zu bewerten. Sie können Unterstützung geben, wenn sich die Lerner über einen Fehler nicht im klaren sind.

3. Wählen Sie einige der deutschen Sätze aus, und bitten Sie die Zweiergruppen, Ihnen ihre Kriterien für die Bewertung der Fehler zu nennen. Lassen Sie ein wenig Raum für die Diskussion, aber mischen Sie sich nicht ein.

4. Fordern Sie die Lerner nun auf, sich ihre schriftlichen Arbeiten gegenseitig vorzulesen und zu korrigieren und dabei ebenfalls die Fehler mit 0 bis 5 Punkten zu bewerten.

Idee: John Morgan

31 Mit geschlossenen Augen

GRAMMATIK:	*Passé composé* (unregelmäßige Verben)
NIVEAU:	★ bis ★ ★ ★
DAUER:	15–25 Min.
MATERIAL:	Keines

VERLAUF:

1. Schreiben Sie eine Liste von Verben mit unregelmäßigen Formen des Partizip Perfekt an die Tafel, z. B.:

prendre	PRIS
voir	VU
dire	DIT
écrire	ÉCRIT
lire	LU
ouvrir	OUVERT

Vergewissern Sie sich, daß alle die Bedeutung dieser Verben kennen.

2. Teilen Sie den Kurs in Gruppen von 10 Personen, und bitten Sie jede Gruppe, einen Stuhlkreis zu bilden. Erklären Sie, daß es sich um ein Konzentrationsspiel handelt, bei dem die Augen geschlossen sein müssen. Fordern Sie die Lerner auf, sich gut umzusehen, bevor sie die Augen schließen.

Bitten Sie dann den ersten Lerner, einen beliebigen Satz im *Passé composé* zu bilden und darin eines der angegeben Verben oder ein anderes seiner Wahl zu verwenden; der Satz kann eine wahrheitsgemäße Aussage enthalten oder auch nicht; er könnte beispielsweise so lauten:

Ce matin, j'ai lu le journal.

Alle haben die Augen geschlossen. Der rechte Nachbar des Sprechers wiederholt nun den Satz in der ersten Person und fügt einen eigenen Satz hinzu, z. B. wiederholt er:

Ce matin, j'ai lu le journal.

und fügt hinzu:

J'ai ouvert la fenêtre.

Der dritte Lerner – weiterhin in der Abfolge des Kreises – wiederholt die ersten beiden Sätze und fügt seinerseits einen weiteren hinzu etc.

3. Setzen Sie das Spiel fort. Einigen Gruppen gelingt es, mit ihren Sätzen mehr als einmal die komplette Runde durch den Kreis zu machen, so daß am Ende möglicherweise 15, 20 oder gar 30 Sätze im *Passé composé* zu behalten sind.

4. Lassen Sie den Lernern nach Abschluß des Spiels etwas Zeit, Vermutungen darüber anzustellen, welche der Sätze wohl der Wahrheit entsprochen haben und welche nicht.

VARIANTE:

Dieses Konzentrationsspiel, bei dem darauf zu achten ist, aus welcher Richtung die Stimme kommt, eignet sich, um jede beliebige grammatische Struktur zu festigen.

Hinweis: Übungen mit geschlossenen Augen wie diese sind beim Erlernen einer Fremdsprache äußerst nützlich; sie können dazu beitragen, Personen in die Welt des „Klanges" einzubeziehen, deren bevorzugter Wahrnehmungskanal normalerweise nicht der Gehörsinn ist.

Idee: Stanislawski da Gregory

32 Was haben sie gemeinsam?

GRAMMATIK: Gebrauch der Artikel
NIVEAU: ★ ★ ★
DAUER: 30 Min. in der ersten und 30 Min. in der zweiten Unterrichtsstunde
MATERIAL: Kopie der Seite mit den abgebildeten Vögeln

VERLAUF (erste Stunde):

1. Bitten Sie die Lerner, sieben Sätze aufzuschreiben, die mit
Un oiseau...
Les oiseaux...
beginnen. Erklären Sie, daß die Sätze Charakteristika enthalten müssen, die auf *alle* Vögel zutreffen. Somit führen die Sätze zu einer allgemeinen Definition dessen, was ein Vogel ist. Gehen Sie umher, während die Lerner schreiben, helfen Sie bei Wortschatzproblemen und korrigieren Sie gelegentliche Fehler.

2. Bilden Sie Zweiergruppen und bitten Sie die Lerner, sich ihre Sätze gegenseitig vorzulesen; dabei sollen sie überprüfen, ob die Aussagen auch tatsächlich für *alle* Vögel gelten. Verteilen Sie dann ein Blatt mit den abgebildeten Vögeln (Kopiervorlage 27) an jeweils zwei Lerner.

3. Bitten Sie danach einen Lerner an die Tafel. Jede Zweiergruppe trägt ihre besten Definitionen vor, die an der Tafel festgehalten werden. Wenn ein Satz einen Fehler enthält, bitten Sie die Gruppe, ihn zu korrigieren, statt selber einzugreifen.

VERLAUF (zweite Stunde):

1. Bitten Sie alle Lernerinnen, sieben Sätze aufzuschreiben, die mit
Un frère...
Les frères...
beginnen. Bitten Sie alle männlichen Lerner, sieben Sätze aufzuschreiben, die mit
Une sœur...
Les sœurs...
beginnen. Betonen Sie, daß es sich um Sätze handeln muß, die sich auf Brüder bzw. Schwestern im allgemeinen beziehen, nicht auf den eigenen Bruder oder die eigene Schwester.

2. Bitten Sie einen Sekretär und eine Sekretärin, an die Tafel zu kommen und eine Reihe von Parallelen zwischen den Aussagen über die Brüder und über die Schwestern aufzulisten.

Idee: Alan Baddeley

Le pélican

Le moineau

Le pinson

Le pingouin

L'autruche

III. Grammatik und persönliche Erfahrung

33 Mein Tagesablauf

GRAMMATIK:	Indikativ Präsens, reflexive Verben
NIVEAU:	★
DAUER:	30 Min.
MATERIAL:	Stundentafel
	Mehrere Würfel

VERLAUF:

1. Bilden Sie Viergruppen und geben Sie jeder Gruppe eine Stundentafel (Kopiervorlage 28) und einen Würfel. Erklären Sie, daß es sich bei den Zahlen auf dem Blatt um Uhrzeiten handelt, angefangen mit 6 Uhr früh in der linken unteren Ecke. Jeder Lerner verwendet eine Münze als Spielfigur und setzt sie auf das Feld mit der Uhrzeit, zu der er an einem normalen Arbeitstag aufsteht.

2. Bitten Sie nun die Lerner jeder Gruppe, reihum zu würfeln und jeweils um die gewürfelte Augenzahl vorzurücken. Bei jedem Feld, auf das sie gelangen, müssen sie angeben, was sie zu dieser Uhrzeit normalerweise tun. Achten Sie darauf, daß die Sätze immer mit einer Zeitangabe beginnen, z. B.: *A 7.15 h, je prends en général une douche.*

Wenn die Tätigkeit nur ungenau angegeben wird, wie z. B. *Je commence à travailler*, müssen die anderen Gruppenmitglieder nachfragen, um eine präzisere Information zu erhalten. Anschließend ist der nächste mit Würfeln an der Reihe. Und so weiter.

3. Wenn die Mehrzahl der Lerner die Uhrzeit erreicht hat, zu der mit der Arbeit begonnen wird, lassen Sie die ganze Gruppe mit ihren Spielfiguren auf eine Uhrzeit vorrücken, die etwa eine halbe Stunde vor Feierabend liegt. Die Übergangszeiten sind bei diesem Spiel die interessantesten. Das Erreichen des Ziels auf dem Spielfeld hat nur eine sekundäre Bedeutung.

Sollten Sie eine Gruppe von jüngeren Schülern unterrichten, können diese den Tagesablauf einer erwachsenen berufstätigen Person aus ihrer Familie zugrundelegen.

9.30	9.45	10.00	10.15	10.30	11.00 *soir*
9.15	9.00	8.45	8.30	8.00	7.45
6.15	6.30	6.45	7.00	7.15	7.30
6.00	5.45	5.30	5.15	5.00	4.45
3.00	3.15	3.30	3.45	4.00	4.30
2.45	2.30	2.15	2.00	1.45	1.30
12.00	12.15	12.30	12.45	1.00	1.15
11.45	11.30	11.15	11.00	10.45	10.30
9.00	9.15	9.30	9.45	10.00	10.15
8.45	8.30	8.15	8.00	7.45	7.30
6.00 *matin*	6.15	6.30	6.45	7.00	7.15

ARRIVÉE

DÉPART

34 Dein Tagesablauf ist meiner

GRAMMATIK:	Präsens (gewohnheitsmäßige Handlungen)
NIVEAU:	★
DAUER:	30 Min.
MATERIAL:	Keines

VERLAUF:

1. Bitten Sie die Lerner, in zehn Sätzen zehn Dinge aufzuschreiben, die sie normalerweise am Sonntag oder an einem Feiertag tun, z. B.

Je me lève...
Je déjeune...
A 10 heures, je vais...
D'habitude je dors jusqu'à 10 heures.

2. Bilden Sie Zweiergruppen. Erklären Sie den Lernern, daß sie nichts aufschreiben dürfen, sondern nur das, was sie hören, so genau wie möglich behalten sollen.
A liest B nun seinen Tagesablauf vor.
(A: *D'habitude je dors jusqu'à 10 heures...*)
B liest seinerseits A seinen Tagesablauf vor.
(B: *Je me lève toujours de bonne heure...*)

3. Bitten Sie nun die Lerner, sich zu neuen Zweiergruppen zusammenzufinden.
B übernimmt dabei die Identität von A und erzählt C „seinen" (d.h. A's) Tagesablauf.
(B: *Je suis A et d'habitude je dors jusqu'à 10 heures...*)
A übernimmt die Identität von B und erzählt D

„seinen" Tagesablauf.
(A: *Je suis B et je me lève toujours de bonne heure...*)

4. Die Lerner wechseln noch einmal ihre Partner. Sie übernehmen nun die Identität derjenigen Person, deren Tagesablauf sie zuletzt erfahren haben, wobei sie sich bemühen, die Sätze so gut wie möglich zu behalten.
C übernimmt also die Identität von A und erzählt E „seinen" Tagesablauf (d.h. den von A).
(C: *Je suis A et d'habitude je dors jusqu'à 10 heures...*)
D übernimmt die Identität von B und erzählt F „seinen" Tagesablauf (d.h. den von B).
(D: *Je suis B et je me lève toujours de bonne heure...*)

5. Bitten Sie nun jeden Lerner, zu demjenigen zu gehen, dessen Tagesablauf sie zuletzt erfahren haben, und ihm diesen Tagesablauf als ihren eigenen zu präsentieren:
E erzählt A „seinen" Tagesablauf (d.h. A's eigenen).
(E: *Je suis A et d'habitude je dors jusqu'à 10 heures...*)
F erzählt B „seinen" Tagesablauf (d.h. B's eigenen).
(F: *Je suis B et je me lève toujours de bonne heure...*)

An diesem Punkt liest nun die betroffene Person ihre ursprünglichen zehn Sätze vor; oft gibt es große Unterschiede zwischen dem Tagesablauf, den ein Lerner ursprünglich formuliert hat und demjenigen, der ihm nun als sein eigener präsentiert wird.

35 Berichterstattung

GRAMMATIK:	Indirekte Rede, Futur
NIVEAU:	★ ★
DAUER:	15–20 Min.
MATERIAL:	Keines

VERLAUF:

1. Bilden Sie Zweiergruppen. Bitten Sie jeweils einen Partner oder eine Partnerin, ein kleines 2-minütiges Referat über seine oder ihre Urlaubspläne oder über ein anderes bevorstehendes und freudiges Ereignis vorzubereiten. Geben Sie eine Minute Vorbereitungszeit.

2. Bitten Sie dann den jeweiligen anderen Partner, dem Redner oder der Rednerin äußerst aufmerksam zuzuhören, aber sich keine Notizen zu machen. Dann geben Sie das Startzeichen für die Redner und stoppen die Zeit von zwei Minuten.

3. Bitten Sie nun die Paare, mit einem anderen Paar eine Vierergruppe zu bilden. Die beiden „Zuhörer" berichten, was sie gehört haben, und zwar nach folgendem Modell:

> Il m'a dit que cette année il veut aller / il ira en Suisse avec toute sa famille et qu'il espère avoir beau temps pour pouvoir faire des randonnées en montagne...

Die „Referenten" haben natürlich das Recht, Informationen zu ergänzen, die vergessen worden sind, sie dürfen dies jedoch erst tun, wenn die „Zuhörer" mit ihrer Berichterstattung zu Ende sind.

4. Die Lerner kehren nun zu ihrem ursprünglichen Partner zurück und wiederholen die Übung mit vertauschten Rollen, damit jeder Lerner seine Urlaubspläne mit den anderen teilen kann.

VARIANTE:

Auf einem weit fortgeschritteneren Niveau kann mit diesem Übungstyp die Zeitenfolge behandelt werden. In diesem Fall muß sich das Referat auf ein Ereignis in der Vergangenheit beziehen, z. B. auf den letzten Urlaub, auf ein Erlebnis der letzten Woche etc.

36 So sehe ich dich

GRAMMATIK:	Zeitbegriffe, Verbformen: Präsens, Infinitiv
NIVEAU:	★ ★
DAUER:	30 Min.
MATERIAL:	Kopien der Satzanfänge

VERLAUF:

1. Verteilen Sie das Blatt mit den Satzanfängen (Kopiervorlage 29), und geben Sie jedem ein Exemplar mit der Bitte, es in Einzelarbeit so sorgfältig wie möglich zu vervollständigen.

2. Bilden Sie Dreiergruppen. Die Lerner dürfen sich ihre Blätter gegenseitig nicht zeigen. Daher ist es am günstigsten, die Gruppen aus Personen zusammenzusetzen, die in der ersten Phase nicht nebeneinander gesessen haben.

Innerhalb jeder Gruppe sollen nun die Lerner B und C herausfinden, was A morgens nach dem Aufstehen als erstes tut (vgl. Satz 1). Sie müssen so lange fragen, bis sie so nah wie möglich an die richtige Antwort herangekommen sind. Dann muß A den entsprechenden Satz, so wie er ihn ausgefüllt hat, vorlesen.

Anschließend versuchen A und C in gleicher Weise, etwas über B herauszufinden und so weiter.

Idee: Helen Green

La première chose que je fais, le matin, quand je me lève, c'est _____

Si quelqu'un arrive, je _____

Avant d'aller dormir, _____

Si quelque chose me fait peur, _____

Chaque fois que j'oublie quelque chose, _____

Quand j'entends le téléphone sonner, _____

Aussitôt que j'arrive à la maison, le soir, _____

Le soir, la dernière chose que je fais avant d'aller me coucher, c'est _____

Avant de prendre un bain ou une douche, _____

Dès que je me rends compte que quelqu'un est en colère après moi, je _____

37 Negativ/Positiv

GRAMMATIK:	*Ne... jamais*, *Passé composé* (Varianten: *faire faire, laisser faire, Imparfait*, Futur, Konditional, Bedingungssatz)
NIVEAU:	★★ bis ★★★
DAUER:	30–40 Min.
MATERIAL:	Keines

VERLAUF:

1. Schreiben Sie auf eine Seite der Tafel:

> Expériences positives que je n'ai jamais faites.

und auf die andere Seite:

> Expériences négatives que je n'ai jamais faites.

2. Bitten Sie zwei Personen aus der Gruppe, die eine gut lesbare Handschrift haben, sich als Sekretäre an den beiden Seiten der Tafel aufzustellen. Die übrigen Lerner sind aufgefordert, positive oder negative Erfahrungen zu nennen, die sie noch *nicht* gemacht haben:

Je n'ai pas...
Je n'ai jamais...
Je n'ai pas encore...

Die jeweiligen Sekretäre schreiben die Sätze an die Tafel. Fahren Sie so lange fort, bis beide Seiten der Tafel voll sind mit Sätzen im *Passé composé*, etwa 10–20 pro Seite.

3. Lassen Sie die Lerner nun paarweise arbeiten und herausfinden, welches die fünf besten und die fünf schlimmsten Erfahrungen sind, die sie beide noch nicht gemacht haben.

4. Fordern Sie die Paare nun auf – je nach Klasse – zu Vierer- oder Achtergruppen zusammenzukommen, so daß die Paare sich gegenseitig berichten können, welches ihre fünf besten und schlimmsten – nicht gemachten – Erfahrungen sind.

VARIANTE 1:

1. Schreiben Sie auf eine Seite der Tafel:

> Ce que mes parents m'ont fait faire à l'âge de... /à ... ans.

und auf die andere Seite:

> Ce que mes parents m'ont laissé faire à l'âge de... /à ... ans.

2. Wie oben, kommen zwei Lerner als Sekretäre an die Tafel. Achten Sie darauf, daß die Lerner bei jedem Satz, den sie vorgeschlagen haben, den Hintergrund in ausreichender Weise erläutern, so daß alle den Sinn des Satzes verstehen. So z. B. wird die Erfahrung einer Lernerin *Ils m'ont laissé jouer au basket jusqu'à 8 heures du soir* erst dann verständlich, wenn sie erklärt, daß sie im Dunkeln eine lange Wegstrecke allein zu Fuß durch ein ziemlich gefährliches Viertel am Rande einer Großstadt zurücklegen mußte.

3. Bitten Sie die Lerner, nun vier Sätze mit *faire faire* und vier mit *laisser faire* über ihre Kinder oder zukünftigen Kinder zu schreiben. Wenn sie Kinder haben, müssen sie das Präsens oder Futur verwenden, wenn sie keine Kinder haben, das Konditional *(Si j'avais des enfants de ... ans, je leur ferais faire...)*.

4. Lassen Sie die Sätze in Vierergruppen diskutieren.

VARIANTE 2:
Auch folgende Strukturen bieten sich für diese Übungsform an:

Ce que je réussis à faire.
Ce que je devrais réussir à faire.

Ce que je dois faire.
Ce que je fais avec plaisir.

Ce que je ne ferais pas si je ne devais pas le faire.
Ce que je ferais si je pouvais.

38 Das erinnert mich an ...

GRAMMATIK:	*Ça me rappelle* + Artikel/Substantiv *Je me souviens de* + Artikel/Substantiv *Ça me fait penser à...*
NIVEAU:	★
DAUER:	15 Min.
MATERIAL:	Eine große Anzahl von Fotos, am besten Familienfotos, auf denen Sie selber aber nicht abgebildet sind. Wenn Sie eine Gruppe von 15 Lernern haben, benötigen Sie etwa 50 Stück. Die Fotos müssen einzeln auf einem Tisch ausgebreitet werden können.

VERLAUF:

1. Breiten Sie die Fotos auf einem Tisch aus und bitten Sie die Lerner, eines auszuwählen, das sie an einen Augenblick, ein Ereignis oder einen Abschnitt in ihrem Leben erinnert.

2. Schreiben Sie an die Tafel:

> Ça me rappelle...
> Je me souviens de...
> Ça me fait penser à...

3. Fordern Sie die Lerner nun auf, zu ihrem Foto drei Sätze aufzuschreiben, von denen jeder eine unterschiedliche Erinnerung beinhaltet.

4. Anschließend bilden die Lerner kleine Gruppen, in denen sie sich gegenseitig die Fotos zeigen, die sie ausgewählt haben. Dabei lesen sie ihre Sätze mit den Erinnerungen vor und führen diese, wenn nötig, weiter aus.

39 Unser Leben

GRAMMATIK:	*Passé composé, Imparfait*
NIVEAU:	★ ★
DAUER:	30–40 Min.
MATERIAL:	10 kleine Klebezettel pro Lerner
	Ein Würfel pro Dreiergruppe
	Ein großes leeres Plakat pro Dreier-gruppe

VERLAUF (erste Stunde):

Geben Sie jedem Lerner zehn Klebezettel. Bitten Sie sie, auf jeden Zettel einen Satz zu schreiben, der sich auf ein wichtiges Ereignis in ihrem Leben bezieht, und auch Monat und Jahr des Ereignisses anzugeben, z. B.:

> Septembre 1970
> Je suis entré à l'école primaire.

> Juillet 1975
> J'ai pris l'avion pour la première fois.

> Décembre 1976
> Ma tante est morte à l'hôpital. Elle avait 30 ans.

VERLAUF (zweite Stunde):

1. Bilden Sie Dreiergruppen. Die Lerner sind nun aufgefordert, die Sätze auf den Zetteln der ande-ren zu lesen und gegenseitig ihre Fehler zu korri-gieren. Gehen Sie umher und helfen Sie, wo es nötig ist.

2. Geben Sie jeder Gruppe ein großes leeres Pla-kat. Bitten Sie die Lerner, ihre 30 Zettel in chro-nologischer Reihenfolge auf das Plakat zu kleben.

3. Nun würfelt der Lerner A jeder Gruppe, rückt auf den chronologisch angeordneten Zetteln um die gewürfelten Augenzahl vor und landet auf ei-nem Satz. Derjenige, dem dieser Satz gehört, muß nun eine Minute lang über das Ereignis sprechen, das er darin erwähnt hat.

Danach kommt B mit Würfeln und Ziehen an die Reihe. Auch in diesem Fall spricht der Urhe-ber des Satzes über das erwähnte Ereignis. Kommt ein Spieler auf einen Zettel, der bereits behandelt wurde, muß er bis zum nächsten noch nicht be-sprochenen vorrücken.

4. Das Spiel ist zu Ende, wenn alle Spieler den kompletten Rundgang über alle Zettel gemacht ha-ben. Wenn danach einige Lerner auf ihre Sätze, die noch nicht besprochen wurden, zurückkom-men und über das Ereignis berichten wollen – umso besser!

Während die Lerner sprechen, gehen Sie um-her und geben Unterstützung bei lexikalischen Problemen oder greifen unauffällig korrigierend ein.

40 Kleine Talkshow

GRAMMATIK: Verbformen (Präsens, *Passé composé, Imparfait,* Futur)
NIVEAU: ★ ★
DAUER: 20–30 Min.
MATERIAL: 3 bequeme Stühle

VERLAUF:

1. Stellen Sie drei Stühle in folgender Weise auf:

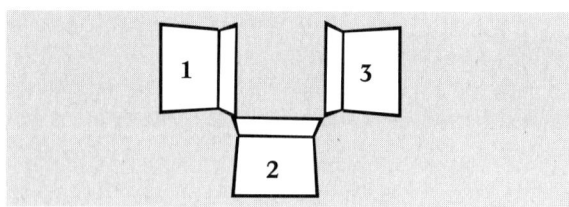

Der erste Stuhl dient zum Erzählen von Vergangenem, der zweite ist dem gegenwärtigen Geschehen und Befinden gewidmet, und der dritte ist auf die Erwartungen an die Zukunft ausgerichtet.

2. Beginnen Sie mit dem Spiel, indem Sie sich nacheinander auf die drei Stühle setzen und jeweils über sich selbst sprechen. Seien Sie dabei möglichst authentisch. Hier ein Beispiel:

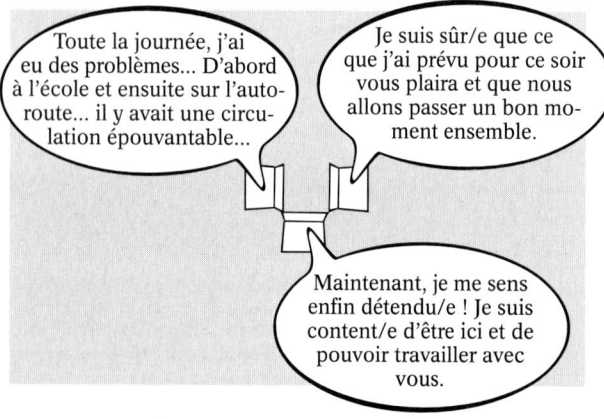

3. Verlassen Sie nun die Stühle und bitten Sie die Lerner, der Reihe nach fortzufahren.

4. Es ist erlaubt (und auch wünschenswert), daß das „Publikum" dem „Protagonisten" jeweils Fragen zu seinen Ausführungen stellt, die dieser auch ehrlich beantworten sollte. Aufgrund der obigen Beispiele könnte etwa gefragt werden:

> De quelle autoroute parlez-vous ?

Oder:

> Qu'est-ce que vous avez prévu pour ce soir ? un jeu ?

Hinweis: Diese Übung eignet sich besonders gut als Vorstellungsrunde in einem neu zusammengesetzten Fortgeschrittenenkurs. In diesem Fall kann der Vergangenheitsstuhl das Thema: Wo, wie lange und wie habe ich bis jetzt Französisch gelernt? abdecken, während der Zukunftsstuhl auf die Lernerwartungen und -ziele Bezug nehmen wird. Damit verschaffen Sie sich als Lehrer gleichzeitig einen Überblick über Voraussetzungen und Motivation Ihrer Lernergruppe.

41 Klagen versteigern

GRAMMATIK:	*Subjonctif*
NIVEAU:	★★★ bis ★★★★
DAUER:	30–40 Min.
MATERIAL:	Ein Hammer oder Stock

VERLAUF:

1. Holen Sie einen Lerner als Sekretär an die Tafel. Bitten Sie die übrigen, sich über ihre Verwandten zu beklagen und dabei die Struktur *Je voudrais que + subjonctif* zu verwenden, z. B.:

> Je voudrais que mon fils finisse sa formation.
> Je voudrais que ma mère arrête de me donner des conseils.
> Je voudrais que mon mari prenne plus de vacances.
> Je voudrais que mon frère soit plus gentil.

Der „Sekretär" schreibt alle Sätze, die geäußert werden, an die Tafel. Fahren Sie fort, bis etwa 10-20 Klagen über die Verwandten aufgelistet sind.

2. Bilden Sie Zweiergruppen und teilen Sie jedem Paar die Summe von 300 F zu. Erklären Sie, daß die Lerner nun zu einer Versteigerung gehen, auf der sie sich von ihren Klagen befreien können, indem sie dafür bezahlen. Die Lerner in den Zweiergruppen sind aufgefordert, zusammenzuarbeiten und gemeinsam zu entscheiden, welcher Klage über die Verwandten sie sich entledigen wollen, indem sie Geld dafür ausgeben. Danach müssen sie ein Budget erstellen und festlegen, wieviel sie für jede Klage zu bezahlen bereit sind.

3. Wenn die Partner genügend Zeit zur Verfügung hatten, um ihr Budget zu erstellen, beginnen Sie mit der Versteigerung. Versuchen Sie, die Aktivität in der Atmosphäre einer wirklichen Versteigerung durchzuführen. Legen Sie Ihre Rolle als Kursleiter ab, und werden Sie ein echter Auktionator:

Mesdames, Messieurs. Bienvenus aux enchères des lamentations. Pour une modeste somme d'argent, vous pourrez vous décharger de tous les problèmes de famille qui vous affligent. Combien voulez-vous offrir pour la plainte n° 1 ? 30 F pour la dame au troisième rang ? Très bien. Disons 30 F. Qui dit plus ? etc.

Akzeptieren Sie keine Gebote unter 15 F. Bemühen Sie sich um einen zügigen Ablauf. Bieten Sie die Klagen nicht der Reihe nach an. Achten Sie darauf, daß niemand mehr als die zugeteilten 300 F ausgibt. Setzen Sie die Versteigerung nicht weiter fort, wenn Sie merken, daß das Interesse der Lerner nachzulassen beginnt.

Idee: Maury Smith, Denny Packard

42 Unvergleichlich

GRAMMATIK:	Komparativ
NIVEAU:	★ ★
DAUER:	15–20 Min.
MATERIAL:	Keines

VERLAUF:

1. Erzählen Sie den Lernern etwas über sich, wobei Sie sich mit anderen Personen aus dem Kreis Ihrer Verwandten und Bekannten vergleichen:

> Je suis plus/moins _____ que mon mari.
>
> Je ne suis pas aussi _____ que mon fils.
>
> Ma tante est plus/moins _____ que moi.

Schreiben Sie sechs oder sieben Sätze dieser Art als Mustersätze für die Struktur, die im folgenden geübt werden soll, an die Tafel.

2. Bilden Sie Dreiergruppen. Zwei Lerner in jeder Gruppe müssen genau zuhören, während der dritte sich nach dem angegebenen Muster mit anderen Personen vergleicht. Derjenige, der gerade das Wort hat, muß 90 Sekunden lang ohne Unterbrechung sprechen; stoppen Sie die Zeit.

3. Die beiden Zuhörer in jeder Gruppe sind aufgefordert, dem dritten Lerner anschließend so genau wie möglich wiederzuerzählen, was sie von ihm gehört haben, dies aber in einer bestimmten Reihenfolge: Sie müssen mit den Vergleichen beginnen, die für den Lerner positiv ausfallen *(Je suis plus sportif que mon frère Marc)*, und mit den negativen enden *(Au tennis, je ne suis pas aussi rapide que mon amie Laure)*.

4. Wiederholen Sie die Schritte 2 und 3 dieser Aktivität, so daß jeder in der Gruppe einmal an die Reihe kommt, ein vergleichendes Selbstporträt zu zeichnen.

43 Meine Rollen

GRAMMATIK:	*être en train de...*
NIVEAU:	★ bis ★★
DAUER:	30–45 Min.
MATERIAL:	Keines

VERLAUF:

1. Schreiben Sie 10 Rollen an die Tafel, die Sie alle in Ihrem Alltag einnehmen, z.B.:

> collègue   sœur   amie   tante   etc.

Bitten Sie die Lerner, das gleiche zu tun. Fügen Sie dann die Namen der Personen hinzu, die Sie in diese Rolle gebracht haben, z.B.:

Je suis			
le collègue de René	la sœur de Marc	l'amie de Florence	la tante de Claudine

Bitten Sie die Lerner, ebenso zu verfahren.

2. Zeichnen Sie eine Uhr an die Tafel, die anzeigt, wie spät es gerade ist.

3. Schreiben Sie dann folgende Beispielsätze an die Tafel:

> En ce moment, _____ est en train de...
> En ce moment, _____ est peut-être en train de...

Bitten Sie die Lerner, einen wirklich zutreffenden Satz aufzuschreiben, der sich auf die Person bezieht, zu der sie sich in der zuvor genannten Beziehung befinden, z.B.:

> A cette minute précise, mon fils est en train de jouer au ping-pong.

4. Bilden Sie Zweiergruppen und bitten Sie die Lerner, etwas über die Person, zu der sie in der zuvor genannten Beziehung stehen, zu erzählen. Danach sollen sie die Sätze, die sie über diese Person formuliert haben, vorlesen und eventuell nötige Hintergrundinformationen liefern.

Hinweis: Wenn Sie die Übung mit Ihrer Gruppe von beispielsweise 20 Lernern beginnen, werden Sie sie mit 200 „nicht anwesenden Personen" beenden, und alle sind von einer Lebendigkeit, wie sie Personen aus einem Lehrbuch niemals besitzen werden. Diese Art von Übung ist daher besonders sinnvoll für kleine Gruppen oder im Einzelunterricht, d.h. immer dann, wenn Sie den Unterrichtsraum mit „mehr Menschen" beleben wollen.

44 Was bin ich für wen?

GRAMMATIK:	Possessiver Gebrauch von *de*
NIVEAU:	★
DAUER:	15–20 Min.
MATERIAL:	Keines

VERLAUF:

1. Wiederholen Sie mit den Lernern die folgenden Begriffe, soweit sie sie schon kennen, und führen Sie die übrigen ein:

> mari – femme – beau-père – belle-mère
> cousin – cousine – beau-frère – belle-sœur
> père – mère – fils – fille – frère – sœur
> jumeau – jumelle – oncle – tante – neveu – nièce
> ami – amie – ex-ami – collègue
> compagnon de classe – associé – professeur
> propriétaire – ennemi

2. Sprechen Sie mit den Lernern über Personen, die Ihnen persönlich nahe stehen.

Bitten Sie einen Lerner, sich zusammen mit Ihnen vor der Gruppe hinzusetzen und den Zuhörer zu spielen. Sie sollten eine Minute lang sprechen (Stoppen Sie die Zeit!).

Sie können in folgender Weise beginnen (aber das ist nur ein Beispiel):

> Je suis le fils de Thierry et le mari de Martine. Je suis le frère de Marc et je suis l'ami et le collègue d'Eric. Je n'ai pas de cousin.

Wenn die Minute um ist, muß der Lerner, der zugehört hat, versuchen, das, was Sie gesagt haben, so genau wie möglich zu wiederholen; möglicherweise braucht er hier und da eine kleine Hilfe.

3. Bilden Sie anschließend Zweiergruppen, die die gleiche Übung durchführen. Weisen Sie besonders darauf hin, wie wichtig es ist, aufmerksam zuzuhören (ohne Notizen zu machen). Stoppen Sie die Zeit, während die Lerner sprechen. Jeder in der Zweiergruppe kommt einmal an die Reihe.

4. Beenden Sie das Spiel, indem Sie jede Zweiergruppe bitten, ein anderes Paar zu finden und gemeinsam ein Schaubild der Personen zu zeichnen, zu denen die jeweiligen Lerner in Beziehung stehen.

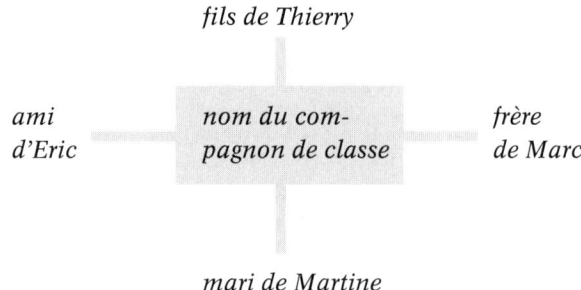

VARIANTE:

Um die Possessivpronomen zu üben, kann das Beispiel folgendermaßen abgewandelt werden:

> Mon père s'appelle Thierry. Ma femme s'appelle Martine. Marc est le prénom de mon frère et mon ami et collègue s'appelle Eric.

IV. Grammatik mit Theatertechniken

45 Der Schrei aus dem Kreis

GRAMMATIK: Präsens (3. Person Singular)
NIVEAU: ★
DAUER: 10 Min.
MATERIAL: Keines

VERLAUF:

1. Fordern Sie die Klasse auf, einen Kreis zu bilden, und bitten Sie einen Lerner, sich in die Mitte zu stellen und den Tagesablauf einer Person zu erzählen, die er gut kennt, z. B.:

> Mon père se lève à 7 heures...

Jedes Mal, wenn er eine Verbform gebraucht, wiederholt sie der Kreis mit einem Schrei, z. B.: IL SE LÈVE. Wenn der Lerner das Verb nicht richtig gebraucht, versucht der Kreis, die richtige Verbform zu finden und sie ebenfalls laut herauszuschreien.

Wenn der Lerner in der Mitte seine Erzählung beendet hat, bekommt er einen stürmischen Applaus – das erhöht den Energiespiegel und die Stimmung in der Klasse.

2. Bevor der Lerner die Kreismitte verläßt, benennt er eine andere Person, die seine Stelle einnehmen und ihrerseits einen Tagesablauf erzählen wird.

Hinweis: Diese Übung kann je nach Lernniveau der Klasse mit jeder beliebigen Struktur durchgeführt werden.

Beispielsweise kann der Lerner in der Mitte aufgefordert werden, sein Wohnzimmer zu beschreiben, während die Mitspieler im Kreis die Ortspräpositionen herausschreien. Oder aber Sie fordern den Protagonisten auf, sich mit einer anderen Person in der Gruppe zu vergleichen, wobei der Kreis alle Komparativformen wiederholt.

Anstatt zu schreien, können die Lerner auch angehalten werden, die entsprechenden Ausdrücke zu flüstern oder einen traurigen, nachdenklichen oder ekstatischen Tonfall zu benutzen.

Idee: Die Originalidee stammt von Mike Gradwell.

46 Komm zu mir!

GRAMMATIK:	Imperativ (formell oder informell), *parce que, car, puisque* etc.
NIVEAU:	★
DAUER:	25 Min.
MATERIAL:	Keines

VERLAUF:

1. Bitten Sie die Lerner, einen Stuhlkreis zu bilden, und setzen Sie sich selbst auch in den Kreis, wobei ein Stuhl neben Ihnen leer bleibt. Beginnen Sie das Spiel, indem Sie beispielsweise folgende Einladung aussprechen:

> *Patricia, viens t'asseoir à côté de moi, puisque, toi aussi, tu portes des chaussures noires.*

oder:

> *Madame Dumont, venez près de moi car j'ai un secret à vous dire.*

Die Lernerin geht nun durch den Kreis und setzt sich neben Sie, wobei ihr alter Platz frei wird. Nun lädt einer der Lerner, die neben dem leer gewordenen Stuhl sitzen, eine andere Person aus dem Kreis ein, sich neben ihn zu setzen oder einer anderen Aufforderung nachzukommen und anschließend neben ihm Platz zu nehmen, z. B.:

> *Lève-toi et viens près de moi parce que...*
> *Levez-vous et venez près de moi parce que...*
>
> *Va... et ensuite assieds-toi à côté de moi...*
> *Allez... et ensuite asseyez-vous près de moi...*

Achten Sie jedoch darauf, daß die Lerner immer eine Begründung für ihre Anweisung geben.

2. Sie können das Spiel an einem gewissen Punkt abbrechen und an den Strukturen weiterarbeiten, sofern sie den Lernern Schwierigkeiten bereiten. Sie können aber auch die Spielregel verändern und zu einem Lerner, der neben dem leeren Stuhl sitzt, sagen:

> *Je voudrais m'asseoir à côté de toi parce que...*

VARIANTE:
Wenn Sie den Gebrauch des *Subjonctif* üben wollen, können Sie dieses Gruppenspiel mit einem der folgenden Modellsätze initiieren:

> *Luc, j'aimerais que tu viennes à côté de moi parce que...*

oder:

> *Madame Müller, j'aimerais que vous vous installiez ici à côté de moi parce que...*

47 Auf dem Rücken schreiben

GRAMMATIK:	Singular- und Pluralformen der Substantive und Adjektive
NIVEAU:	★
DAUER:	10 Min.
MATERIAL:	Kärtchen mit Substantiven und Adjektiven im Singular und im Plural

VERLAUF:

1. Bitten Sie die Lerner, aufzustehen und sich einen Partner oder eine Partnerin zu suchen. Zur Einstimmung auf die Übung und um eine gewisse Vertrautheit zwischen den Partnern herzustellen, laden Sie die Lerner ein, sich vorzustellen, der Rücken des Partners sei eine weiße Tafel, die jemand mit nicht abwaschbarer Tinte beschrieben hat, und es gehe nun darum, die Schrift abzureiben: A reibt also am Rücken von B und umgekehrt.

2. Danach schreibt A eine (unregelmäßige) Pluralform auf den Rücken von B, und B schreibt die entsprechende Singularform auf den Rücken von A, z. B.:
A schreibt: JOURNAL und
B schreibt: JOURNAUX.

Fordern Sie die Lerner auf, langsam und in Großbuchstaben (mit den Fingern) zu schreiben.

3. Verteilen Sie nun Kärtchen mit Singular- und Pluralformen, die Sie aus der Kopiervorlage 30 anfertigen können. Auf diese Weise bringen Sie die Lerner auf neue Wörter, die ihnen spontan eventuell nicht einfallen.

4. Zum Abschluß der Aktivität bitten Sie einen Lerner oder eine Lernerin, an die Tafel zu kommen und – mit Hilfe der anderen – alle Singular- und Pluralformen aufzuschreiben, die im Laufe der Übung benutzt wurden.

VARIANTE:

Dieser Übungstyp eignet sich für die Wiederholung jeder Art von Sprachmaterial (Wortschatz und Strukturen), das Gegensatzpaare aufweist, z. B.:
Ländernamen – Sprachen
Infinitiv – Partizip
Adjektiv – Adverb

Idee: Diese Technik wurde durch die Seminare von Eve Ogonowski bekannt.

Nr. 30:
Auf dem Rücken schreiben – Singular- und Pluralformen
(einzelne Kärtchen verteilen)

travail	souris	journaux
jeux	nez	radis
cheval	nouveau	cheveu
eau	vieux	bras
prix	beaux	dos
spéciaux	national	arc-en-ciel
tuyau	yeux	œuf

48 Wer ist's?

GRAMMATIK:	Fragen stellen, *Passé composé*
NIVEAU:	★ bis ★★★
DAUER:	15 Min.
MATERIAL:	Keines
HINWEIS:	Bei dieser Übung ist es erforderlich, daß sich die Lerner bereits etwas näher kennen.

VERLAUF:

1. Bitten Sie einen Lerner oder eine Lernerin, den Unterrichtsraum zu verlassen.

2. Die Gruppe wählt in seiner/ihrer Abwesenheit unter sich eine Person aus, um die es gehen soll.

3. Der Lerner oder die Lernerin kommt in den Unterrichtsraum zurück und stellt Fragen zur Biographie der Person, um herauszufinden, um wen es sich handelt. Die Gruppe darf nur mit OUI oder NON antworten.

Die Fragen können beispielsweise so lauten:

> Est-ce que cette personne est déjà allée à Paris ?
>
> Est-ce qu'elle a commencé le cours en septembre ?

VARIANTE:

Diese Aktivität kann auch auf das Einüben anderer Verbformen (Futur, Konditional etc.) übertragen werden, z.B.:

> Est-ce qu'elle ira en France cet été ?
>
> Est-ce qu'elle aimerait vivre en France ?

49 Tierische Gewohnheiten

GRAMMATIK:	Verbformen im Präsens
NIVEAU:	★ ★
DAUER:	30–40 Min.
MATERIAL:	Ein Fragebogen zum Ergänzen

VERLAUF:

1. Bitten Sie einen Lerner, die Rolle des Sekretärs zu übernehmen und alle Tiernamen an die Tafel zu schreiben, die ihm von der Lernergruppe genannt werden. Die Namen sollen ungeordnet über die ganze Tafel verteilt werden.

2. Fordern Sie nun die Lerner auf, sich mit einem Tier – Säugetier, Vogel oder Fisch – zu identifizieren, jedoch Hunde, Katzen und andere Haustiere auszuschließen. Bitten Sie nun die Lerner, „ihr"

Tier zu zeichnen. Anschließend zeigen die Lerner ihre Zeichnungen der Klasse und imitieren den entsprechenden Tierlaut.

3. Verteilen Sie nun die Fragebögen – Kopiervorlage 31 – an die Lerner, die diese in Einzelarbeit ausfüllen, wobei sie sich mit dem von ihnen gewählten Tier identifizieren. Die Formulierungen sind daher in Ich-Form angelegt.

4. Bitten Sie dann die Lerner, sich einen idealen Partner zu suchen und ihm den ausgefüllten Fragebogen vorzulesen. Aber Achtung: Für ein Schaf könnte es gefährlich sein, sich den Wolf als Partner zu wählen!

5. Fordern Sie dann die Lerner auf, sich den gefährlichsten Partner zu suchen und sich ebenfalls die Fragebögen vorzulesen.

Je mange habituellement _____

La nuit _____

J'ai peur de _____

Quand je sors _____

Si je veux trouver un ami _____

Je ne mange pas de _____

_____ a/ont peur de moi.

Le jour _____

Je vis dans _____

Ma mère m'a appris à _____

Mes petits vivent dans/sous/sur _____

J'aime beaucoup _____

Voici mon portrait

50 Die genaue Uhrzeit

GRAMMATIK:	Redemittel zur Angabe der Uhrzeit
NIVEAU:	★
DAUER:	20–30 Min.
MATERIAL:	12 Stühle

VERLAUF:

1. Stellen Sie 12 Stühle im Kreis so auf, daß jeweils etwas Abstand zwischen den einzelnen Stühlen bleibt. Auf die Lehne eines Stuhls hängen Sie eine Jacke, um die Nummer 12 des Ziffernblatts anzugeben.

2. Die Lerner stellen sich außerhalb des Kreises auf. Bitten Sie dann zwei Freiwillige, in den Kreis hineinzugehen.

3. Vergleichen Sie die Größe der beiden Personen und teilen Sie dann der größeren die Rolle des „Minutenzeigers" und der kleineren die des „Stundenzeigers" zu.

4. Die beiden setzen sich sodann auf zwei Stühle und fragen: *Quelle heure est-il ?* Die außerhalb des Stuhlkreises stehenden Lerner antworten.

Wechseln Sie von Zeit zu Zeit die „Zeiger" aus und fahren Sie mit der Übung so lange fort, bis Sie mit den Antworten der Lerner zufrieden sind.

5. Wählen Sie einen Lerner oder eine Lernerin aus, der oder die etwas kleiner ist als Sie, und treten Sie mit ihm oder ihr in den Stuhlkreis. Bitten Sie ihn oder sie, sich auf einen beliebigen Stuhl zu setzen, während Sie sich beispielsweise an den äußersten linken* Rand des Stuhls setzen, der die

Nummer 2 symbolisiert. Wenn die Lernergruppe daraufhin beispielsweise sagt: *Il est 3 heures 11 ou 12*, so akzeptieren Sie vorläufig diese Antwort, wenn sie auch nicht genau dem entspricht, was Sie erwartet haben. Wenn keiner der Lerner die gewünschte Antwort findet, springen Sie ein und sagen: *Il est 3 heures 10 passées.*

Fahren Sie so lange fort, bis den Lernern die Struktur geläufig ist.

6. Setzen Sie sich dann an den äußersten rechten* Rand eines Stuhls und führen sie damit den Begriff *à peu près* oder *presque* ein.

Hinweis: Diese Übung stellt eine Mischung aus „realer Sprache" und Bewegungstechniken dar, die gerne als langweilig und kindlich eingestuft werden. Die Erfahrung zeigt jedoch, daß die Lerner es durchaus schätzen, sich zwischendurch einmal die Füße vertreten zu dürfen, und daß sie es als originell empfinden, auf diese spielerische Weise Strukturen wie *il est ... passée(s)* und *presque...* nahegebracht zu bekommen.

FORTSETZUNG:

Schreiben Sie eine Uhrzeit an die Tafel. Setzen Sie sich auf den 11 Uhr-Stuhl und sagen Sie: *l'heure d'aller au lit*. Fordern Sie die Lerner auf, sich auf die entsprechenden Stühle zu setzen, um die Zeiten darzustellen, die in ihrem Tagesablauf von Bedeutung sind, z. B.: *l'heure de manger, de déjeuner, du goûter, de prendre un café, l'heure d'ouverture, de fermeture, l'heure du cours* etc.

---

* Die Position bezieht sich jeweils auf die Perspektive des auf dem Stuhl Sitzenden.

51 Wir sind ein Zimmer

GRAMMATIK:	Passivkonstruktion, Ortspräpositionen
NIVEAU:	★ ★
DAUER:	30–40 Min.
MATERIAL:	Kärtchen

Die für dieses Spiel vorgesehenen Kärtchen sind für 14 Spieler angelegt (Kopiervorlagen 32 und 33). Wenn Sie Klassen mit mehr oder weniger Lernern haben, müssen Sie Kärtchen dazugeben oder wegnehmen. Letzteres sollten Sie allerdings möglichst vermeiden, da dadurch gegebenenfalls die Querverweise zwischen den verbleibenden Kärtchen nicht mehr nachvollziehbar sein könnten.

VERLAUF:

1. Wenn die Kärtchen unbekanntes Vokabular enthalten, erläutern Sie dieses *vor* Beginn der Übung und in einem anderen Kontext.

2. Verteilen Sie dann je ein Kärtchen an die Lerner. Wenn Sie mehr als 14 Lerner in der Klasse haben, fertigen Sie eine entsprechende Anzahl von zusätzlichen Kärtchen an (z. B. *fenêtre, lampe, télévision, tableau*).

3. Teilen Sie den Lernern mit, daß sie die auf ihrem Kärtchen enthaltenen Informationen auswendig lernen sollen, und geben Sie ihnen dafür genügend Zeit. Überprüfen Sie dann, ob die Lerner die kleinen Texte wirklich frei sprechen können. Gehen Sie umher und lassen Sie sich die Informationen ohne Zuhilfenahme des Kärtchens zuflüstern.

4. Wenn die Kenntnis der Texte gewährleistet ist, sammeln Sie die Kärtchen ein. Geben Sie dann den Lernern folgenden Hinweis:

Vous êtes les 14 parties ou meubles d'une pièce. Je voudrais que vous vous leviez et que vous vous parliez en utilisant seulement les informations contenues dans vos cartes. Votre objectif est de vous disposer dans la classe, selon les informations à votre disposition.

Bevor die Lerner mit der Suche nach ihrem Standort beginnen, zeichnen Sie die Umrisse des Raumes an die Tafel:

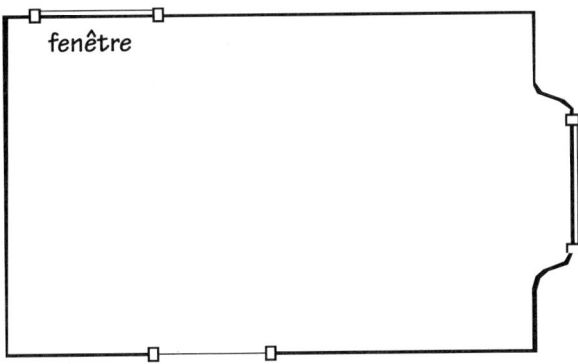

5. Die Lerner bewegen sich nun im Raum und tauschen Informationen aus. Achten Sie darauf, daß sie nur die Informationen benutzen, die ihnen durch die Kärtchen gegeben sind. Sie werden sich dann in der entsprechenden Weise im Raum verteilen. Um dem entstehenden Durcheinander Herr zu werden, werden sie viele Ortspräpositionen benutzen.

6. Wenn alle Spieler ihre Plätze eingenommen haben, bitten Sie jeden einzelnen, den Inhalt seines Kärtchens bekanntzugeben und mit seiner Position im Raum zu vergleichen.

Auf S. 94 finden Sie die vorgesehene Verteilung der Einrichtungsgegenstände.

Idee: Die Idee stammt von Lou Spaventa, der eine ähnliche Übung mit dem Titel *Cocktail Party* präsentierte.

Hier die vorgesehene Verteilung der Einrichtungsgegenstände:

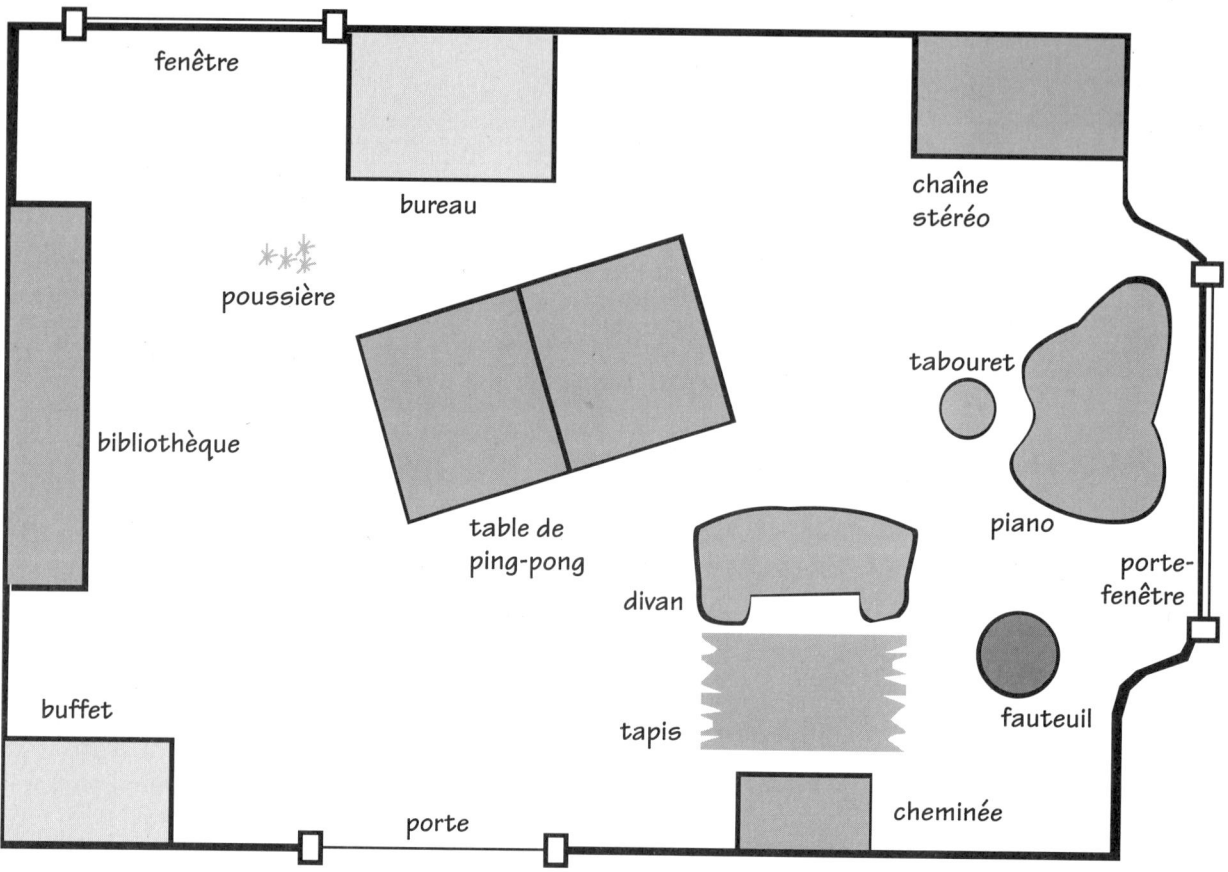

fenêtre

bureau

chaîne
stéréo

poussière

bibliothèque

table de
ping-pong

tabouret

piano

porte-
fenêtre

divan

buffet

tapis

fauteuil

porte

cheminée

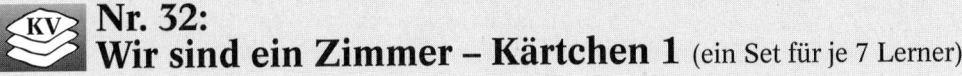

Je suis un piano et je me trouve près de la porte-fenêtre.
J'ai été construit en 1850.
Il y a 6 mois on m'a accordé.
Je n'aime pas mon tabouret parce qu'il est de style moderne.

✂

Je sais que le piano ne m'aime pas.
J'ai été offert à la famille par un de leurs amis.
Je suis en bois de pin.

✂

J'aime les disques, je les adore !
Je me trouve contre le mur, près de la porte-fenêtre.
Je n'aime pas les tabourets en pin.

✂

J'ai été repeinte l'année dernière.
Je suis la grande porte-fenêtre au fond de la pièce.
Je vois en face de moi, à l'autre bout de la pièce, un objet volumineux qui semble être en acajou.

✂

J'ai été construite à la même époque que le piano.
Je suis une grande bibliothèque en bois sombre.
En face de moi, à l'autre bout de la pièce, il y a une porte-fenêtre ; sur ma droite, il y a le buffet avec le service en porcelaine.

✂

Je suis plein d'objets en porcelaine.
En face de moi il y a la fenêtre.
Sur ma droite, il y a la porte.

✂

Je suis faite de bois et de verre.
Sur ma gauche, il y a le buffet avec le service en porcelaine.
De l'autre côté de la pièce, en face de moi, il y a un bureau.
Je suis attachée au mur par des charnières.

Je suis un bureau élégant.
Il y a un peu de poussière entre la bibliothèque et moi.
Il y a une vulgaire table de ping-pong entre le divan et moi.

Je suis un grain de poussière.
Je me trouve entre le bureau et la bibliothèque.
Il y a trois mois que j'ai été oublié ici.
Je suis très triste.

Je peux être pliée et enlevée très facilement.
Les enfants se servent beaucoup de moi.
Je me trouve au milieu de la pièce.

Je suis le divan.
Il y a la table de ping-pong derrière moi.
Je suis devant la cheminée.

Je me trouve sur le sol entre le divan et la cheminée.
J'ai été tissé en Iran il y a 40 ans.
Il y a 2 semaines, on m'a battu pour la dernière fois.

Je ne suis pas beaucoup utilisé.
Je suis à côté du tapis persan.
Je suis un fauteuil et j'ai la porte-fenêtre derrière moi.
Je fais partie d'un héritage. Je viens de chez une tante, comme le divan.

Je suis la cheminée.
J'ai été installée à la même époque que la porte-fenêtre qui est à ma droite.
Je me trouve devant le divan.
La porte est à ma gauche.

V. Vermischtes

52 Spiel mit dem Wörterbuch

GRAMMATIK:	Komparativ, Zeit- bzw. Ortspräpositionen und -adverbien
NIVEAU:	★
DAUER:	45 Min.
MATERIAL:	Ein Wörterbuch (oder möglichst mehrere) pro Klasse

VORBEREITUNG:

Schreiben Sie bereits vor Unterrichtsbeginn folgendes an die Tafel:

> a b c d e f g h i j k l m n o p q r s t u v w x y z
>
> Ça a plus de lettres (que...)
> Ça a moins de lettres (que...)
> Ça a le même nombre de lettres (que...)
> C'est plus long (que...)
> C'est plus court (que...)
> Dans le dictionnaire, il vient avant.
> Dans le dictionnaire, il vient après.
> Il vient juste avant.
> La première lettre est juste.
> Les premières 2/3/4 lettres sont justes.

Sie können aber auch diese Sätze am Anfang der Unterrichtsstunde diktieren, wenn Sie die Konzentration der Lerner durch Einzelarbeit fördern wollen.

VERLAUF:

1. Sagen Sie den Lernern, daß Sie nun den Unterrichtsraum für kurze Zeit verlassen werden und daß sie in der Zwischenzeit ein Wort auswählen sollen, das Sie dann erraten müssen.

2. Wenn Sie in den Unterrichtsraum zurückkommen, beginnen Sie zu raten, indem Sie ein Wort vorschlagen. Die Lerner werden Ihnen dann sagen, ob das Lösungswort länger, kürzer oder gleich lang ist und ob es im Wörterbuch vor oder nach dem von Ihnen vorgeschlagenen Wort steht. (Wenn Aussprachefehler auftreten, korrigieren Sie sie auf diskrete Weise.)

Hier ein Beispiel für einen möglichen Übungsverlauf:

Sie:	*centre*
Lerner:	*C'est après, dans le dictionnaire.*
Sie:	*train*
Lerner:	*C'est avant, dans le dictionnaire.*
Sie:	*piano*
Lerner:	*C'est après.*
Sie:	*route*
Lerner:	*C'est encore après.*
Sie:	*sac*
Lerner:	*C'est encore un petit peu après. La première lettre est juste.*
Sie:	*serviette*
Lerner:	*C'est avant. Les deux premières lettres sont justes.*
Sie:	*sept*
Lerner:	*C'est avant. C'est plus long.*
Sie:	*semaine*
Lerner:	*C'est avant. C'est un peu plus court.*
Sie:	*second*
Lerner:	*C'est après. Ça a le même nombre de lettres. Les trois premières lettres sont justes.*
Sie:	*secret*
Lerner:	*Oui! Gagné!*

Im Laufe des Spiels können Sie Ihre Ratewörter sowie die Antworten der Lerner notieren. Zu Beginn wird es sicher nötig sein, die Lerner entsprechend zu animieren, indem Sie Fragen stellen wie z. B.:

> C'est plus long, plus court ou de la même longueur que mon mot ?
> Ça vient avant ou après dans le dictionnaire ?

VARIANTE:

Wenn die Lerner das Prinzip des Spiels verstanden haben, können Sie die Rollen tauschen: Sie denken sich ein Wort aus (vorzugsweise ein erst vor kurzem eingeführtes), und die Lerner müssen es erraten. Geben Sie reichliche Informationen über die Länge des Wortes, seine Stellung innerhalb des Alphabets und über einzelne Buchstaben, die es enthält. Die Übung wird den Lernern keine allzu großen Schwierigkeiten bereiten, wenn Sie ihnen empfehlen, sich gleichzeitig Notizen zu machen und das Wörterbuch zu benutzen.

Hinweis: Diese Übung ist eine gute Einführung in das überfliegende Lesen und in den Gebrauch des Wörterbuchs. Daß hier die Einführung oder Einübung bestimmter Strukturen innerhalb eines plausiblen Kontexts stattfindet, wird den Lernern kaum bewußt, da sie in dieser Aktivität eine einfache Wortschatzübung vermuten.

Es lohnt sich vielleicht, über die Mechanismen dieses Übungstyps nachzudenken. Wenn man nämlich entsprechende Strategien entwickelt, kann man mehr oder weniger jedes Wort in nicht mehr als acht Versuchen erraten. Vielleicht hat manche Lernergruppe Lust, über ihre „Tricks" zu diskutieren oder sich auch schriftlich darüber zu äußern, wie man möglichst schnell das richtige Wort errät.

53 Augen auf dem Rücken

GRAMMATIK:	Modalverben, Bedingungssätze
NIVEAU:	★★ bis ★★★
DAUER:	30–45 Min.
MATERIAL:	Keines

VERLAUF:

1. Bitten Sie einen Lerner, eine Person im Profil (bis zur Taille) an die Tafel zu zeichnen und die Augen besonders deutlich zu kennzeichnen. Sagen Sie ihm nun, er möge zusätzliche Augen auf den Rücken zeichnen.

2. Schreiben Sie dann folgendes Satzbaumodell an die Tafel:

> Si les hommes avaient des yeux dans le dos...
> ils pourraient (+ inf.)
> ils devraient (+ inf.)
> ils arriveraient à (+ inf.) etc.

3. Bitten Sie nun die Lerner, dieses Satzbaumodell abzuschreiben und ihre Ideen zum Thema in zehn entsprechenden Sätzen zum Ausdruck zu bringen. Hier ein Beispiel:

> Si les hommes avaient des yeux dans le dos, ils pourraient lire deux livres à la fois.

Ermutigen Sie die Lerner, das Wörterbuch zu benutzen. Gehen Sie umher und helfen und korrigieren Sie.

4. Wenn die Lerner bereits eine gewisse Anzahl von Sätzen gefunden haben (etwa 7), bitten Sie sie aufzustehen, umherzugehen und zu sehen, was die anderen geschrieben haben.

Hinweis: Die Lerner finden meist sehr originelle Sätze wie zum Beispiel folgende:

> ...ils n'auraient pas besoin de rétroviseurs sur leur voiture.
> ...ils seraient de formidables agents de police.
> ...ils auraient besoin de beaucoup de temps pour se maquiller le matin.
> ...ils pourraient embrasser quelqu'un et surveiller la route en même temps !

54 Sockentausch

GRAMMATIK:	*Parce que, pour, à cause de, Passé composé, Imparfait*
NIVEAU:	★ ★
DAUER:	20 Min.
MATERIAL:	Keines

VERLAUF:

1. Erzählen Sie Ihren Lernern, daß Sie letzthin mit dem Zug unterwegs waren und folgendes Erlebnis hatten: Ihnen gegenüber saßen zwei junge Männer. Einer von ihnen trug weiße, der andere schwarze Socken. Plötzlich zogen sie sich eine Socke aus und tauschten diese untereinander aus. Dann verließen sie den Zug, beide mit einer weißen und einer schwarzen Socke bekleidet.
(Il y avait deux jeunes gens assis en face de moi. L'un avait des chaussettes blanches et l'autre des chaussettes noires. Tout à coup, j'ai vu qu'ils échangeaient une de leurs chaussettes. Ensuite, ils sont descendus du train, chacun avec une chaussette blanche et une chaussette noire.)

2. Bitten Sie nun die Lerner, möglichst viele Gründe für dieses eigenartige Verhalten zu finden und Sätze nach folgendem Modell zu bilden:

> Les deux hommes ont échangé leurs chaussettes   à cause de...
> parce que...

3. Wenn die Mehrheit der Lerner etwa 8 bis 12 verschiedene Begründungen gefunden hat, bitten Sie sie, sich in Vierergruppen zusammenzufinden und zu entscheiden, welche die drei besten Vorschläge sind.

4. Fordern Sie dann die Gruppen auf, ihre besten Hypothesen an die Tafel zu schreiben.

VARIANTE:

Auf einem höheren Lernniveau und unter der Voraussetzung, daß der Konjunktiv bekannt ist, können auch folgende Konjunktionen verwendet werden: *pour que, afin que, de manière à ce que, bien que.*

55 Buchstabenquadrat

GRAMMATIK:	Unregelmäßige Verben (Präsens, Partizip Perfekt, *Imparfait*, Futur)
NIVEAU:	★ ★ ★ ★
DAUER:	10–20 Min.
MATERIAL:	Ein Buchstabenquadrat für je zwei Lerner

VERLAUF:

1. Geben Sie jeweils zwei Lernern eine Kopie des Buchstabenquadrats(Kopiervorlage 34). Sagen Sie der Gruppe, daß darin verschiedene unregelmäßige Verbformen – im Präsens (1. Pers. Sing.), im *Imparfait* (1. Pers. Sing.), im Partizip Perfekt und im Futur (1. Pers. Sing.) – versteckt sind und daß es nun darum geht, möglichst viele Verben in möglichst kurzer Zeit zu entdecken. Weisen Sie die Lerner darauf hin, daß die Verbformen von links nach rechts, von rechts nach links, von oben nach unten, von unten nach oben oder diagonal geschrieben sein können und daß einzelne Buchstaben möglicherweise zu zwei Verben gehören (siehe angegebenes Beispiel).

Jedes gefundene Verb wird eingekreist, auf ein Extrablatt geschrieben und durch die anderen Verbformen ergänzt: Nehmen wir an, es wird die Verbform FAIT gefunden. In diesem Fall wird *fais, faisais* und *ferai* daneben geschrieben.

2. Nach etwa 5 Minuten fordern Sie die Lerner auf, sich einen anderen Partner zu suchen. Wiederholen Sie den Paarwechsel noch ein- bis zweimal. Achten Sie darauf, daß die Lerner auch die jeweils anderen drei Verbformen aufschreiben. Gehen Sie umher und lassen Sie sich laut vorlesen, was die Lerner notiert haben. Beeilen Sie sich dabei, damit Sie alle Lerner erreichen können. Ihr zügiges Vorgehen wird das Arbeitstempo der Klasse erhöhen und die Verbsuche intensivieren.

VARIANTE:

Mit diesem Übungstyp lassen sich auch andere Strukturen üben, deren verschiedene Formen auswendig gelernt werden müssen, z. B. unregelmäßige Komparative und Superlative.

Buchstabenquadrat – *Lösung:*

```
M L E R A C C L Z E U B I F F M A S E A A L C R D R
S R T N N E O X R H O V P E R A L G E R V X L C L Z
D X A E Ç O V O U L U N R D O G T T A N O W E B N M
F E I C H M I K Z D A R W T I C M M Q U A T R E A A
E N S U Q H E C V R P E M A M P V I V N Q H Z T A G
C T A G U M N S O L A X N T A P O U R R A I O F F T
E Z Q C O A D T T H S D T I I Y Y M A S K K L A E L
M A L D K R R R A T O T O Z E F A U R A I Z N I G E
M F A G R H A N R O M V A I S Z I O G M E E U T L E
C S N T P R I S O S T O T K S Z S U I V R A I G I X
O I T C L H Ç T O N E E G N N A H Q M V M E G U Z E
N O L O R P E L L S A A F R U Z P O N G D X Q P C I
D B Z Y L S C X R L T O N E G R E E C R O I S C L O
E N E T R I I G O E T F M C A Z L I O O R X C T L Q
T N A M M P P I V V Ç O L T X G C G U U M B N B I P
I W N E M S E D E O X U N N O C D M R O I C S E D H
U M C I E C R I S Q H R O G M I N I S E X Z E N G R
D X L L T E H T A N O X Z T O W E V O I P A S Y C L
N E D A S G A S C A C R V E C U C H O D Q A M A T I
O A P E S N A P S A E T T N Q X H R U I I N S F I L
C R L T R E L H F D L I H A O Q V O V Q N N T T O M
N O A T T E I G N A I S D I H X H Z E G T M Q O H U
O M I H N S R U E Z Z O N S E R V I R A I M Q U C O
G O S N R D A H E A G O L N Q A Q V T R H E R H A L
L N O T I Q I U Z T E N V E R R A I O M H Q U Q N D
U X L I N I G O Y R M O S O N D C D T O P I N U H A
```

Buchstabenquadrat (eins für jeweils zwei Lerner)

```
M L E R A C C L Z E U B I F F M A S E A A L C R D R
S R T N N E O X R H O V P E R A L G E R V X L C L Z
D X A E Ç O V O U L U N R D O G T T A N O W E B N M
F E I C H M I K Z D A R W T I C M M Q U A T R E A A
E N S U Q H E C V R P E M A M P V I V N Q H Z T A G
C T A G U M N S O L A X N T A P O U R R A I O F F T
E Z Q C O A D T T H S D T I I Y Y M A S K K L A E L
M A L D K R R R A T O T O Z E F A U R A I Z N I G E
M F A G R H A N R O M V A I S Z I O G M E E U T L E
C S N T P R I S O S T O T K S Z S U I V R A I G I X
O I T C L H Ç T O N E E G N N A H Q M V M E G U Z E
N O L O R P E L L S A A F R U Z P O N G D X Q P C I
D B Z Y L S C X R L T O N E G R E E C R O I S C L O
E N E T R I I G O E T F M C A Z L I O O R X C T L Q
T N A M M P P I V V Ç O L T X G C G U U M B N B I P
I W N E M S E D E O X U N N O C D M R O I C S E D H
U M C I E C R I S Q H R O G M I N I S E X Z E N G R
D X L L T E H T A N O X Z T O W E V O I P A S Y C L
N E D A S G A S C A C R V E C U C H O D Q A M A T I
O A P E S N A P S A E T T N Q X H R U I I N S F I L
C R L T R E L H F D L I H A O Q V O V Q N N T T O M
N O A T T E I G N A I S D I H X H Z E G T M Q O H U
O M I H N S R U E Z Z O N S E R V I R A I M Q U C O
G O S N R D A H E A G O L N Q A Q V T R H E R H A L
L N O T I Q I U Z T E N V E R R A I O M H Q U Q N D
U X L I N I G O Y R M O S O N D C D T O P I N U H A
```

56 Schlüsselverben

GRAMMATIK:	*Passé composé*
NIVEAU:	★ ★ ★ ★
DAUER:	30–40 Min.
MATERIAL:	Keines

VERLAUF:

1. Schreiben Sie folgende Verbformen an die Tafel oder diktieren Sie sie:

a mis	a couru	a vu
s'est préparée	est entré	a dit
est sortie	a mangé	a sauté
a marché	a mis	a mangé
s'est arrêtée	s'est allongé	a entendu
a cueilli	est arrivée	est entré
a vu	a frappé	a tué
a demandé	a dit	a vécu
a répondu	est entrée	

2. Vergewissern Sie sich, daß die Lerner alle Verben verstehen. Wenn nicht, erklären Sie sie.

3. Bilden Sie Zweiergruppen und sagen Sie den Lernern, daß die eben besprochenen Verbformen einem sehr bekannten Märchen entnommen sind.

Jedes Paar entscheidet nun, um welche Geschichte es sich handelt, und die beiden Partner versuchen, sich das Märchen – unter Zuhilfenahme der Verben – gegenseitig zu erzählen.

Wahrscheinlich werden sich nicht alle für das Märchen entscheiden, dem die Verben entnommen sind – nämlich *Le Petit Chaperon Rouge* –, und das ist gut so. Gehen Sie umher und helfen Sie, wo es nötig ist.

4. Nach einer gewissen Zeit entfernen Sie die Verben von der Tafel, oder Sie bitten die Lerner, ihre Verbliste (sofern sie eine solche haben) beiseite zu legen. Ohne die strikten Vorgaben wird der Erzählduktus nämlich flüssiger, und es schadet auch nicht, wenn das eine oder andere Verb fehlt.

5. Bitten Sie die Lerner, immer wieder ihren Partner zu wechseln und jedem neuen Partner das Märchen in der Fassung zu erzählen, die sie zusammen mit dem vorigen Partner erstellt haben.

Hinweis: Für diesen Übungstyp empfiehlt es sich, sehr bekannte Märchen oder Geschichten auszuwählen.

Idee: Diese Übungstechnik wurde von Christine Frank entwickelt, die Grundidee stammt von Pat McEldowney.

57 Schuld und Sühne

GRAMMATIK:	Präsensformen
NIVEAU:	★ bis ★ ★
DAUER:	45–60 Min.
MATERIAL:	Keines

VERLAUF:

1. Diktieren Sie folgenden Text und anschließend die drei Schlüsselwörter.

"Message"

Il y a trois personnes assises dans une pièce, deux hommes et une femme. Tout à coup, un des hommes dit quelque chose. Suit une brève pause. Alors le deuxième homme dit quelque chose. A ce moment-là, la dame se lève et donne une claque à l'homme qui a parlé le premier.

---

divan		*politique*		*langue*

2. Es geht darum herauszufinden, warum die Frau auf diese Weise reagiert. Fordern Sie die Lerner auf, Ihnen nun mit Hilfe der Schlüsselwörter Fragen zu stellen, um die Hintergründe der Geschichte zu ermitteln. Auf die Fragen der Lerner dürfen Sie aber nur mit OUI oder NON antworten.

Lösung:

Les trois personnes se trouvent dans un cabinet ministériel. L'homme qui parle en deuxième est un interprète.

---

3. Diese Aktivität kann dahingehend erweitert werden, daß die Lerner über eigene Erfahrungen mit Kommunikationsproblemen berichten oder sich schriftlich dazu äußern.

58 Unkraut jäten

<table>
<tr><td>GRAMMATIK:</td><td>Verschiedene Strukturen</td></tr>
<tr><td>NIVEAU:</td><td>★ ★</td></tr>
<tr><td>DAUER:</td><td>15–20 Min.</td></tr>
<tr><td>MATERIAL:</td><td>Ein Text zum „Jäten"</td></tr>
</table>

VERLAUF:

1. Verteilen Sie an jeweils zwei Lerner einen Text, in den Sie zusätzliche Wörter gestreut haben, oder verteilen Sie Kopien der Textvorlage 35. In letzterem Fall sagen Sie den Lernern, daß in diesem Text 12 Wörter oder Wortgruppen enthalten sind, die es wie Unkraut zu entfernen gilt, um den Originaltext wiederherzustellen.

2. Fordern Sie die Lerner auf, ihre Ergebnisse in Sechsergruppen zu vergleichen.

3. Abschließend diktieren Sie die eingestreuten Wörter.

Hinweis: Beim Entfernen des Unkrauts in einem verwilderten Garten kann man seine Fähigkeit testen, die echten Pflanzen zu erkennen. In ähnlicher Weise können die Lerner mit dieser Übung ihre Sprachkenntnisse hinsichtlich Wortfolge, Morphologie und Syntax überprüfen, indem sie die „Eindringlinge" entfernen.

Idee: Jim Brims

Liste der eingestreuten Wörter und Wendungen:

et du vin – avec – traditionnels – en plus – encore – l'après-midi – parfois – ensemble – chez vous – debout – ou une bière – aux amandes

Text mit Erweiterungen:

Un petit café

La boisson "café" vient du Proche-Orient. Aujourd'hui encore, en Grèce, au Maroc, en Tunisie ou en Egypte par exemple, on boit le moka **et du vin**. *On mange alors des gâteaux au miel et aux amandes* **avec**. *En Italie et en France, l'espresso ou l'expresso sont des* **traditionnels** *classiques. C'est un café très fort et très noir. Il se boit après le déjeuner ou le dîner, ou même toute la journée, debout au bar ou assis* **en plus** *à la terrasse d'un café. En France, on l'appelle aussi le petit noir, mais le petit noir avec du lait devient* **encore** *le café crème !*

Le café au lait est **l'après-midi** *la boisson du petit-déjeuner. Avec leur café au lait, les Français prennent* **parfois** *en général des croissants,* **ensemble** *des tartines avec du beurre et de la confiture - qu'ils aiment tremper dans leur bol ! - parfois de la brioche ou des pains au chocolat. "Venez prendre le café à la maison* **chez vous**..." *En Allemagne et en Autriche, on boit le café l'après-midi* **debout**, *avec des gâteaux et de la chantilly. En France, on le sert après le déjeuner, avec un pousse-café* **ou une bière**... (...)
Et maintenant, on prend un petit café **aux amandes**, *non ?*

Bearbeitet nach Orginaltext aus: *Pont NeuF 1*, Leçon 7 (Klett 1996)

UN PETIT CAFÉ

*L*a boisson "café" vient du Proche-Orient. Aujourd'hui encore, en Grèce, au Maroc, en Tunisie ou en Egypte par exemple, on boit le moka et du vin. On mange alors des gâteaux au miel et aux amandes avec. En Italie et en France, l'espresso ou l'expresso sont des traditionnels classiques. C'est un café très fort et très noir. Il se boit après le déjeuner ou le dîner, ou même toute la journée, debout au bar ou assis en plus à la terrasse d'un café. En France, on l'appelle aussi le petit noir, mais le petit noir avec du lait devient encore le café crème !

Le café au lait est l'après-midi la boisson du petit-déjeuner. Avec leur café au lait, les Français prennent parfois en général des croissants, ensemble des tartines avec du beurre et de la confiture – qu'ils aiment tremper dans leur bol ! – parfois de la brioche ou des pains au chocolat. «Venez prendre le café à la maison chez vous...» En Allemagne et en Autriche, on boit le café l'après-midi debout, avec des gâteaux et de la chantilly. En France, on le sert après le déjeuner, avec un pousse-café ou une bière... (...)

Et maintenant, on prend un petit café aux amandes, non ?

59 Aus dem Gedächtnis lesen

GRAMMATIK:	Futur
NIVEAU:	★ ★ ★
DAUER:	15 Min.
MATERIAL:	Keines

VERLAUF:

1. Schreiben Sie den ersten Teil des Gedichts von Victor Hugo an die Tafel:

Demain, dès l'aube...

*Demain, dès l'aube, à l'heure où blanchit la
campagne,
Je partirai. Vois-tu, je sais que tu m'attends.
J'irai par la forêt, j'irai par la montagne.
Je ne puis demeurer loin de toi plus long-
temps.*

*Je marcherai les yeux fixés sur mes pensées,
Sans rien voir au dehors, sans entendre
aucun bruit,
Seul, inconnu, le dos courbé, les mains
croisées,
Triste, et le jour pour moi sera comme la nuit.
...*

---

2. Lesen Sie das Gedicht vor und erklären Sie die unbekannte Lexik.

3. Wischen Sie zwei Wörter aus einer der acht Zeilen aus, und bitten Sie einen Lerner, das Gedicht so vorzulesen, als ob die beiden Wörter noch vorhanden wären.

Wischen Sie zwei weitere Wörter aus und fahren Sie in gleicher Weise fort; jedesmal wenn wieder zwei Wörter verschwunden sind, liest ein anderer Lerner die kompletten acht Zeilen vor. Mit der Zeit „lesen" die Lerner immer mehr Wörter, die gar nicht mehr an der Tafel stehen, und behalten so das Gedicht und die darin enthaltenen Strukturen im Gedächtnis.

Wenn die Lerner ein Wort vergessen, zeigen Sie auf genau die Stelle, an der es zuvor gestanden hat – diese räumliche Gedächtnisstütze führt oft dazu, daß ihnen das Wort wieder einfällt.

Am Ende der Übung sollten die Lerner in der Lage sein, die kompletten acht Zeilen von der vollständig leeren Tafel „abzulesen".

4. Schreiben Sie den Rest des Gedichts *unter* den leeren Raum, wo zuvor die ausgewischten Verse standen, und lassen Sie das ganze Gedicht „vorlesen":

---

*...
Je ne regarderai ni l'or du soir qui tombe,
Ni les voiles au loin descendant vers
Harfleur,
Et quand j'arriverai, je mettrai sur ta tombe
Un bouquet de houx vert et de bruyère en
fleur.*

Aus: Victor HUGO, *Les Contemplations* (Flammarion)

Hinweis: Diese Übung läßt sich mit jedem Text, der sich zum Auswendiglernen eignet, durchführen.

Idee: Dorothy Brown

60 Rätselhafte Geschichten

GRAMMATIK: Verschiedene Strukturen
NIVEAU: ★★ bis ★★★
DAUER: 15–30 Min.
MATERIAL: Ein in zehn Streifen geschnittener Text

VERLAUF:

1. Die Lerner bilden in Zehnergruppen jeweils einen Stuhlkreis.

2. Geben Sie ein Set der in Streifen geschnittenen Geschichte (Kopiervorlage 36 oder 37) an jede Gruppe. (Achten Sie darauf, daß die Streifen gut durchmischt sind.) Jeder Lerner nimmt sich einen Streifen, liest leise seinen kleinen Text für sich durch und bittet Sie um Hilfe, wenn einzelne Wortschatzprobleme auftauchen sollten.

3. Nun erklären Sie, worum es bei diesem Spiel geht und welche Regeln zu beachten sind:

Ziel des Spiels ist es erstens, die Streifen in die richtige Reihenfolge zu bringen, so daß eine Geschichte entsteht, und zweitens, die Frage zu beantworten, die die Geschichte enthält.

Spielregeln:
Regel 1: Lesen Sie nur Ihren eigenen Papierstreifen.
Regel 2: Schreiben Sie nichts auf.
Regel 3: Wenn Sie Fragen haben, wenden Sie sich ausschließlich an den Lehrer.

Wenn für eine Gruppe größere Klarheit nötig ist, fordern Sie sie auf, den Inhalt der Papierstreifen laut in der Runde vorzulesen. Überlassen Sie es aber der Gruppe, eine Strategie zu entwickeln, um an die Aufgabe heranzugehen. Greifen Sie nicht ein und geben Sie keine Ratschläge, Sie könnten damit die Gruppendynamik behindern. Achten Sie nur darauf, daß die Spielregeln eingehalten werden.

4. Die Zehnergruppen ordnen nun die Papierstreifen und versuchen, die Schlüsselfrage zu beantworten. Während dieser Zeit beobachten Sie die Lerner im Hinblick auf ihre sprachlichen Aktivitäten und auf die Gruppendynamik.

5. Sobald die Gruppe die Frage beantwortet hat, geben Sie jedem Lerner den kompletten Text.

VARIANTE:

Wie beim Management-Training können innerhalb der Zehnergruppe zwei Personen als Beobachter fungieren. Sie machen sich genaue Notizen darüber, wie die Gruppendynamik funktioniert, wer wann die Führungsrolle übernimmt etc. Nach Abschluß der Problemlösungsphase berichten sie der Gruppe oder dem Plenum, was sie wahrgenommen haben.

Lösung Textbeispiel A:

> *Cher Fabrice,*
> *Maintenant je le sais: c'est elle que tu aimes et non moi. Je te dis adieu.*
> *Sophie.*

Lösung Textbeispiel B:

> *La serveuse a perdu 5F le premier jour et a gagné 15F le deuxième. Elle a donc gagné 10F.*

La lettre

Dans un pays lointain, il existe la croyance suivante : si on n'ouvre pas immédiatement une lettre, les nouvelles deviennent mauvaises. C'est ainsi que si une lettre de réclamation subit un retard et n'est pas ouverte dès qu'elle arrive, elle devient une lettre de menace. Si on n'ouvre pas tout de suite une lettre contenant une facture, le montant de la facture augmente.

Martine est assise dans un café quand soudain elle voit son mari dont elle vient juste de divorcer, assis à une table, avec sa nouvelle femme Sophie. Ils semblent très heureux ensemble. Martine rentre à la maison et elle écrit cette lettre :

Cher Fabrice,
Maintenant je le sais: c'est elle que tu aimes et non moi. Je te dis adieu. Martine.

La lettre met plusieurs jours à arriver parce que Martine n'a pas écrit le bon code postal. Fabrice est à l'étranger pour affaires. Sophie lui téléphone et lui parle de la lettre. Il lui dit de ne pas s'inquiéter et de la lui apporter quand elle viendra le voir le vendredi suivant.

Le vendredi soir, dans la ville étrangère, ils passent une merveilleuse soirée ensemble. Ils vont au restaurant, puis ils rentrent à l'hôtel. Alors qu'ils vont se coucher, Sophie se souvient de la lettre qui est dans son sac mais elle ne la sort pas parce qu'elle ne veut pas gâcher la soirée.

Au lit, Fabrice ne peut pas dormir. Il veut se lever pour ouvrir la lettre, mais chaque fois qu'il bouge, sa femme se retourne, et il ne veut pas la réveiller.

Le samedi, ils pensent toute la journée à la lettre, mais aucun d'eux n'ose suggérer de l'ouvrir. Le dimanche, alors qu'ils ont fini de manger, au moment où Sophie se prépare à retourner à la gare, elle sort à l'improviste, la lettre de son sac, la jette sur la table, puis part en courant. Dehors, il pleut.

Fabrice prend le parapluie et la lettre et la rejoint dehors. Sophie est très belle, les cheveux mouillés. Il pense que Martine, sa première femme, ne serait pas sortie sans parapluie. Sophie remarque qu'il a pensé à prendre un parapluie avant de sortir. Fabrice le donne alors immédiatement au premier passant.

Après l'avoir accompagnée à la gare, il marche lentement dans les rues de la ville. Il n'est pas pressé de rentrer à l'hôtel. Il fait un dernier tour et s'arrête dans un café pour boire quelque chose. Finalement, en arrivant à l'hôtel, il ouvre la lettre.

La lettre confirme la croyance des gens de ce pays : les nouvelles deviennent mauvaises si on n'ouvre pas les lettres tout de suite. Comment le contenu de cette lettre s'est-il transformé en mauvaise nouvelle ? Ceci est le problème que vous devez résoudre.

Quelle heure est-il ?

- -

Cette histoire se passe dans un quartier populaire de Paris, très exactement à Barbès. Christine va au restaurant et commande un couscous.

- -

Quand elle a fini de manger, elle demande l'addition. Le couscous coûte 50F.

- -

Elle commence à compter son argent en le donnant à la serveuse : "Dix, vingt... Quelle heure est-il ?" demande-t-elle.

- -

La serveuse regarde la pendule : "Il est vingt-cinq". Christine continue à compter : "Trente-cinq, quarante-cinq, cinquante."

- -

Un monsieur, assis dans un coin, observe la scène.

- -

Le lendemain, il revient manger et commande un couscous.

- -

Quand il a fini de manger, il demande l'addition - 50F.

- -

Il commence à compter son argent en le donnant à la serveuse : "Dix, vingt... Quelle heure est-il ?" demande-t-il.

- -

La serveuse regarde la pendule : "Il est cinq". Le monsieur continue à compter : "Quinze, vingt-cinq, trente-cinq, quarante-cinq, cinquante."

- -

Combien la serveuse a-t-elle perdu ou gagné avec ces deux clients ?

61 Von Mund zu Mund

GRAMMATIK:	*Passé simple, Plus-que-parfait, Imparfait, Passé composé*
NIVEAU:	★ ★ ★ ★
DAUER:	30 Min.
MATERIAL:	Eine Geschichte

VERLAUF:

1. Bieten Sie vier von Ihren leistungsstärksten Lernern eine etwa 15-minütige Übung an, die sie in einem anderen Raum ausführen.

2. Diktieren Sie der verbleibenden Gruppe eine kurze Geschichte, die ihrem Kenntnisstand entspricht. Hier ein Beispiel:

> *Cela s'est passé il y a environ 200 ans. C'était à Paris. Les rues étaient pleines de monde. On avait cassé les vitrines des magasins ; on avait brûlé les maisons. Le peuple était en révolte. Il avait faim.*
>
> *Un officier réussit cependant à faire évacuer la place. Ses soldats prirent leurs fusils. Tout devint silencieux. L'officier monta alors sur un mur.*
>
> *"Mesdames, Messieurs", cria-t-il, "j'ai donné ordre de tirer sur les provocateurs. Mais je ne vois que de braves gens. Je demande donc que toutes les personnes honnêtes partent, parce que je ne veux tirer que sur les rebelles."*
>
> *Deux minutes plus tard, la place était vide.*

3. Vergewissern Sie sich, daß die Lerner jedes Wort in der Geschichte verstanden haben.

4. Erläutern Sie nun, daß diese Geschichte mehrfach erzählt werden wird und daß es Aufgabe der Gruppe ist, alle Abwandlungen, die sich bei den einzelnen Erzählversionen ergeben, wahrzunehmen und nach folgenden Kategorien – Sie schreiben sie an die Tafel – zu klassifizieren:

> Hinzufügungen – Auslassungen – Veränderungen

5. Nun kommt der erste der vier Lerner (= Lerner A) in den Unterrichtsraum zurück. Einer der Lerner aus der Gruppe liest ihm die Geschichte zweimal vor. A darf ihm im Anschluß daran zwei Fragen zur Geschichte stellen.

Dann kommt der zweite der vier Lerner (= Lerner B) hinzu. A erzählt ihm die Geschichte so, wie er sie verstanden hat. B kann A ebenfalls zwei Fragen zur Verständnisklärung stellen.

Nun kommt Lerner C hinzu, hört sich die Erzählung von B an und stellt wieder zwei Fragen. Schließlich kommt Lerner D, C erzählt ihm die Geschichte, und D stellt wieder zwei Fragen.

Dann trägt D die nun schon mehrfach veränderte Geschichte der Gruppe vor, und zum Vergleich liest im Anschluß daran ein Gruppenmitglied die Originalversion noch einmal vor.

6. In der Zwischenzeit hat die Gruppe die einzelnen Veränderungen in den Erzählversionen vermerkt. Fragen Sie nach, was hinzugefügt, ausgelassen oder vollkommen verändert wiedergegeben wurde.

Idee: Diese Technik stammt von Patty Farrands und Helen Green, die Originalidee dürfte aber auf die 30-er Jahre (Frederick Bartlett) zurückgehen.

62 Grammatik-Quiz

GRAMMATIK:	Verschiedene Strukturen
NIVEAU:	★
DAUER:	20 Min.
MATERIAL:	Keines

VORBEREITUNG:

Bereiten Sie sechs Fragen zu bestimmten Grammatikthemen vor, die Sie behandeln wollen. Die Fragen sollten im Verhältnis zum Lernniveau der Klasse ziemlich schwierig sein.

Die nachfolgenden Beispiele sind für das erste, spätestens zweite Semester des ersten Lernjahres vorgesehen:

1. *Nous allons apprendre une langue étrangère.* Wie nennt man die Zeitform, die hier verwendet wird?
2. Bilden Sie die Präsens- und Imperfektform von *faire* in der 1. Person Singular.
3. *Je travaille à la mairie il y a trois ans.* Richtig oder falsch?
4. Was ist der Unterschied zwischen *connaître*, *savoir* und *pouvoir*?
5. Wie lautet das Partizip Perfekt von *prendre*?
6. Erklären Sie den Unterschied zwischen *bon* und *bien*.

Die Fragen sollten zum Teil Wiederholungscharakter haben und zum Teil neues Material enthalten und für die Lerner bewußt schwierig sein. Wenn Sie eine große Klasse haben, sollten Sie ein zweites Fragenpaket vorbereiten.

VERLAUF:

1. Die Lerner arbeiten in Paaren oder in Kleingruppen zusammen. Lesen Sie die Fragen laut vor. Schreiben Sie sie nicht auf, und erlauben Sie den Lernern nicht, die Fragen zu notieren. (Dies ist auch nicht nötig, weil die Fragen im Verlauf der Übung mehrmals vorgelesen werden.)

2. Fragen Sie die erste Gruppe, auf welche drei Fragen sie sich konzentrieren will, und bitten Sie sie, die Nummern, z. B. 2, 5 und 6, zu nennen. Auf Anfrage lesen Sie die Fragen nochmals vor.

3. Lesen Sie die drei ausgewählten Fragen vor, und bitten Sie die Gruppe, sie hintereinander zu beantworten. Wenn Sie die drei Antworten erhalten haben, sagen Sie, wie viele davon richtig sind, z. B. eine von dreien, ohne zu sagen, um welche es sich handelt.

4. Fragen Sie nun die nächste Gruppe, welche drei Fragen sie beantworten möchte, und gehen Sie analog vor. Sobald eine Gruppe alle drei Fragen richtig beantwortet, sprechen Sie darüber und geben die Antworten für alle sechs Fragen bekannt.

Hinweis: Diese Übung fördert Zusammenarbeit und Wettbewerb zugleich. Wenn die Fragen etwas zu schwierig für die Lerner sind, dauert es einige Runden, bis eine Gruppe drei richtige Antworten findet. Während dieser Zeit hören die Lerner intensiv den Erklärungen ihrer Kollegen zu und haben Zeit, über grammatische Zusammenhänge nachzudenken.

63 Die Frau auf dem Dach

GRAMMATIK:	Verschiedene Strukturen: *à mon avis, selon moi, d'après moi, je pense que...*
NIVEAU:	★ ★
DAUER:	30–40 Min.
MATERIAL:	Keines

VERLAUF:

1. Fordern Sie die Lerner auf, aus zwei Blatt Papier 16 Streifen zu schneiden oder zu reißen.

2. Laden Sie sie dazu ein, die Augen zu schließen und sich eine Frau auf einem Dach vorzustellen.

3. Nach einiger Zeit bitten Sie sie, sich 16 verschiedene Erklärungen auszudenken, warum die Frau auf dem Dach sein könnte.

Jeder Satz wird auf einen Papierstreifen geschrieben, der erste auf Französisch, der zweite auf Deutsch, der dritte wieder auf Französisch usw.

Hier ein Beispiel:

A mon avis, elle prend un bain de soleil.
Meiner Meinung nach schläft sie ...
Selon moi, elle surveille son mari.

4. Während die Lerner ihre Sätze formulieren, gehen Sie umher, geben Hilfestellung und korrigieren, wo es nötig ist.

Da vermutlich viel neuer Wortschatz benötigt wird, ermutigen Sie die Lerner, das Wörterbuch zu benutzen. Die beste Gelegenheit, es zu verwenden, ist nämlich dann, wenn es gebraucht wird, und nicht dann, wenn es der Lehrer anordnet.

5. Wenn jeder Lerner mindestens zehn Sätze geschrieben hat, bitten Sie die ganze Gruppe, durch den Raum zu gehen und sich gegenseitig die Sätze zu zeigen. Ziel ist es, genaue Übersetzungen zu finden.

Die Lerner werden vielleicht mit Überraschung feststellen, daß auch jemand anders dieselbe Idee gehabt, sie aber mit anderen Worten ausgedrückt hat. Wenn Sie wollen, können Sie eigens darauf aufmerksam machen.

64 Die Welt von FAIRE

GRAMMATIK:	Bedeutungen von *faire*
NIVEAU:	★ ★
DAUER:	40–60 Min.
MATERIAL:	Keines

VERLAUF:

1. Bilden Sie Kleingruppen und lassen Sie die Lerner Anwendungsbeispiele für das Verb *faire* finden.

2. Bitten Sie jede Gruppe, einen „Botschafter" in die Nachbargruppe zu schicken, um gute Ideen weiterzugeben.

3. Diktieren Sie dann folgende Sätze, die die Lerner auf Deutsch niederschreiben. Bestehen Sie darauf, daß die Sätze nicht auf Französisch, sondern nur in der muttersprachlichen Entsprechung notiert werden:

Cette nuit j'ai fait un rêve étrange.
Ça me fait plaisir !
Je me suis fait couper les cheveux.
Ça ne se fait plus !
Il fait les courses.
Il a fait une erreur.
Je fais un chèque.
Ça te fait de la peine ?
Aujourd'hui il fait froid.
Je dois faire ma valise.
Qui va faire à manger ?
Il commence à faire beau.
Quelle taille faites-vous, madame ?
Ça ne fait rien.
Faites attention.
Il faut faire la queue !

4. Bitten Sie die Lerner, Dreiergruppen zu bilden und ihre Übersetzungen zu vergleichen. In wievielen Fällen wurde *faire* mit „machen" übersetzt?

65 Welche Übersetzung ist richtig?

GRAMMATIK:	Verschiedene Strukturen
NIVEAU:	★ ★
DAUER:	15–30 Min.
MATERIAL:	Ein Testbogen mit richtigen und falschen Übersetzungsbeispielen

VERLAUF:

1. Lassen Sie Zweiergruppen bilden, und geben Sie jedem Paar einen Testbogen (Kopiervorlage 38).

Es geht darum, daß die Lerner die richtige(n) Übersetzung(en) herausfinden. Machen Sie sie darauf aufmerksam, daß meist nur eine Übersetzung sprachlich und inhaltlich korrekt ist, daß es aber auch mehrere sein können und es sogar vorkommt, daß keine der angebotenen Übersetzungen richtig ist. Im letzteren Fall ist es Aufgabe der Lerner, selbst die richtige Übersetzung zu finden.

2. Bitten Sie die Lerner, während der Übung zwei- bis dreimal ihren Partner zu wechseln. Verfolgen Sie den Übungsablauf aufmerksam, aber helfen Sie den Lernern *nicht*, selbst wenn sie Sie darum bitten. Bei dieser Aktivität müssen die Lerner nämlich selbst überprüfen, in wieweit ihnen die strukturellen Unterschiede zwischen dem Deutschen und dem Französischen bewußt sind.

3. Bitten Sie dann einen Lerner, die sechs richtigen Sätze an die Tafel zu schreiben. Geben Sie Gelegenheit zur Diskussion, wenn Unsicherheiten bestehen. Greifen Sie aber möglichst nicht in das Gespräch ein. Was sich die Lerner gegenseitig erklären, bleibt nämlich in ihrem Gedächtnis weitaus besser haften als das, was Sie ihnen zu verdeutlichen versuchen!

Lösung:
Folgende Sätze sind richtig: 1c) – 2c) – 3a), b) – 4a) – 5a) – 6: *J'arrive de Lyon.*

1. *Vor dem Fenster steht ein Stuhl.*
   a) Face la fenêtre il y a une chaise.
   b) Devant la fenêtre c'est une chaise.
   c) Devant la fenêtre il y a une chaise.

2. *Antworte bis spätestens Dienstag.*
   a) Donne ta réponse jusqu'à mardi.
   b) Donne ta réponse depuis mardi.
   c) Donne ta réponse mardi au plus tard.

3. *Dieses Fahrrad habe ich letzte Woche gekauft.*
   a) J'ai acheté cette bicyclette la semaine dernière.
   b) Cette bicyclette, je l'ai achetée la semaine dernière.
   c) La bicyclette que j'ai achetée la semaine dernière.

4. *Sind Sie in diesem Jahr schon in die Berge gefahren?*
   a) Vous êtes déjà allé à la montagne cette année?
   b) Vous êtes à la montagne encore allé cette année ?
   c) Vous êtes allé encore à la montagne cette année ?

5. *Ich fand Struppi, der vor der Tür auf mich wartete.*
   a) J'ai trouvé Struppi qui m'attendait devant la porte.
   b) J'ai trouvé Struppi que m'attendait devant la porte.
   c) J'ai trouvé Struppi qu'attendait devant la porte.
   d) J'ai trouvé Struppi qui attendant devant la porte.

6. *Ich komme gerade aus Lyon.*
   a) Je suis de Lyon.
   b) Je viens à Lyon.
   c) Je reviens de Lyon.

66 Schriftliche Gespräche

GRAMMATIK:	Verschiedene Strukturen
NIVEAU:	★ bis ★★★★
DAUER:	30–40 Min.
MATERIAL:	Keines

VERLAUF:

1. Bitten Sie die Lerner, sich einen Partner oder eine Partnerin zu suchen.

2. Erklären Sie, daß es darum gehen wird, mit dem Partner eine schriftliche Konversation nach folgendem Modell zu führen:

Beide nehmen ein Blatt zur Hand und schreiben einen französischen Satz (möglichst eine Frage) darauf.

Dann tauschen sie die Blätter aus, übersetzen die Frage des anderen ins Deutsche und geben eine Antwort auf Deutsch.

Dann werden die Blätter wieder getauscht, der letzte Satz wird ins Französische übersetzt und eine neue Frage auf Französisch gestellt.

Dieses schriftliche Gespräch könnte beispielsweise so beginnen:

Lerner A schreibt: *Qu'est-ce que nous devons faire ?*

Lerner B schreibt: Was müssen/sollen wir tun? Wir sollen uns schreiben.

Lerner A schreibt: *Nous devons nous écrire. Qu'est-ce que tu fais ce soir ?* Etc.

In der Zwischenzeit gehen Sie umher und helfen beim Übersetzen, wenn es nötig ist.

3. Bitten Sie die Lerner, Sechsergruppen zu bilden und sich gegenseitig die Gespräche vorzulesen.

Hinweis: Bei dieser Übung werden die Lerner strukturelle Unterschiede zwischen dem Deutschen und dem Französischen feststellen. Außerdem fördert diese Aktivität das aufmerksame Zuhören. Die eigene Antwort darf nämlich erst gegeben werden, wenn der Satz des Partners übersetzt und damit durchdacht ist – eine ausgezeichnete Übung für alle, die nicht genügend darauf achten, was andere sagen!

VARIANTE:

Führen Sie die Übung wie oben beschrieben durch. Anstelle zu übersetzen, müssen die Lerner aber paraphrasieren. Diese Übungsvariante ist dazu geeignet, die Ausdrucksmöglichkeiten fortgeschrittener Lerner zu vergrößern und zu differenzieren.

Idee: Dierk Andressen

Register

... **Appetit** bekommen?

Es geht noch weiter...

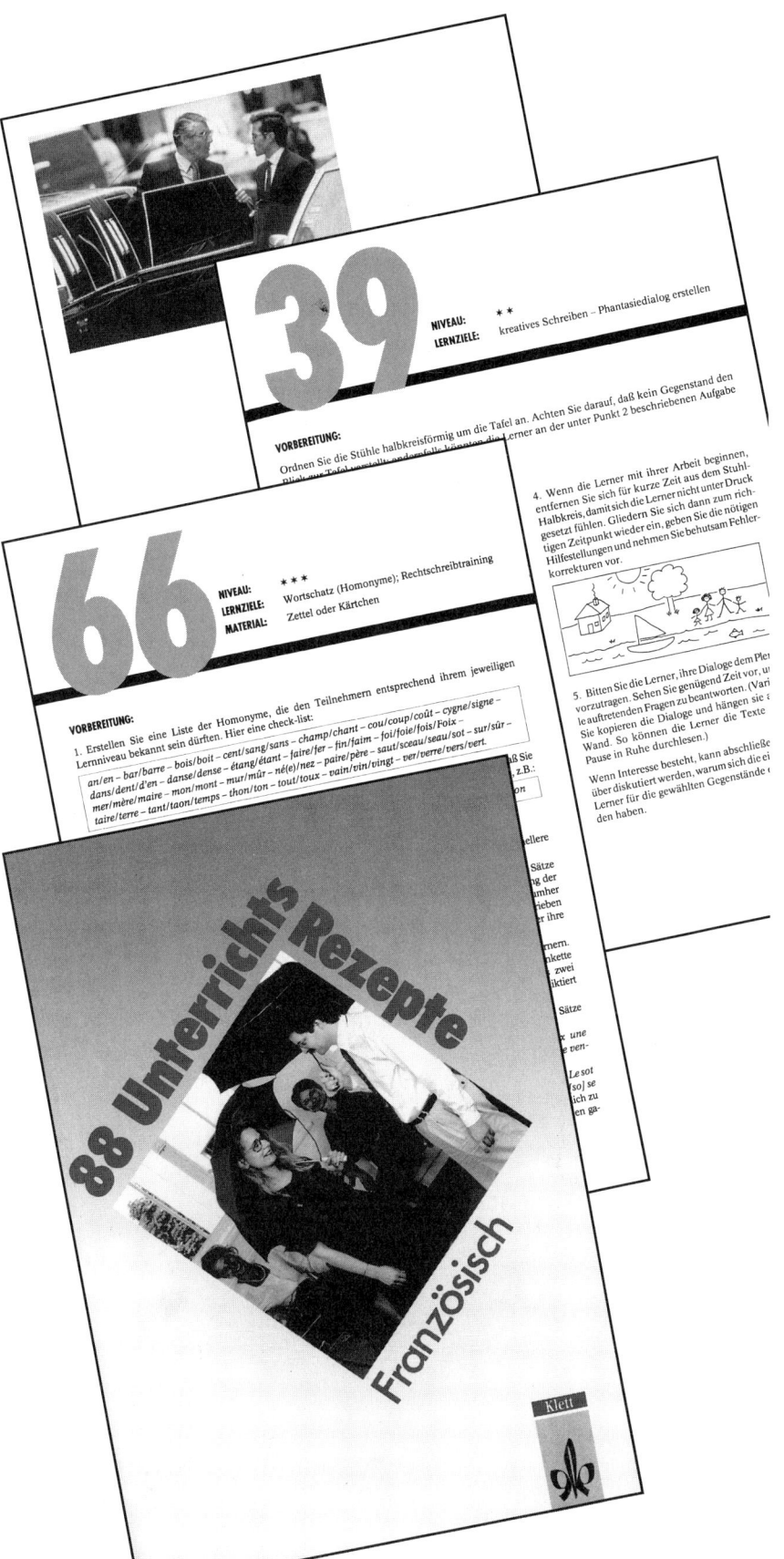

Die **88 Unterrichtsrezepte Französisch** liefern Ihnen ebenfalls Anregungen für einen abwechslungsreichen und schmackhaften Unterricht.

Die Menüauswahl reicht von **kleinen, leichten Häppchen** bis zu **üppigen Hauptgerichten**, die eine ganze Unterrichtseinheit füllen.

Bei der Zusammenstellung dieses „Kochbuchs" wurde darauf geachtet, daß **alle Fertigkeiten** in dem ihnen gebührenden Maß berücksichtigt werden, um so den Umgang mit der Fremdsprache mehrgleisig einzuüben.

Die Unterrichtsrezepte erstrecken sich über **vier Schwierigkeitsstufen**. Weit über die Hälfte der „Gerichte" sind leicht verdaulich, d.h. für die ersten beiden Lernjahre geeignet.

Auch in diesem Buch ermöglichen Ihnen präzise Hinweise und gebrauchsfertige Kopiervorlagen, die Aktivitäten fast ohne Vorbereitung **fix und fertig** zu servieren. Es steht Ihnen aber auch frei, Ihr eigenes Süppchen zu kochen und die Vorschläge nach Belieben zu variieren, um sie auf das Niveau und den Geschmack Ihrer Gäste abzustimmen.

**Die Menüauswahl ist groß.
Greifen Sie zu !**

88 Unterrichtsrezepte Französisch
Klett-Nummer 52581